PARAMAHANSA YOGANANDA
(1893.-1952.)

Znanost o religiji

Paramahansa Yogananda

S predgovorom
Douglasa Ainslieja

Self-Realization Fellowship
FOUNDED 1920 BY PARAMAHANSA YOGANANDA

O OVOJ KNJIZI: Prvo objavljeno djelo Paramahanse Yoganande, *Znanost o religiji,* zauzima posebno mjesto među knjigama koje je objavio Self-Realization Fellowship. Nastalo je na osnovi prvog predavanja Sri Yoganande u Americi kojim je po prvi put predstavio svoje učenje Zapadu. Predavanje je održano 1920. na Međunarodnom kongresu vjerskih liberala u Bostonu. Srdačno je primljeno među sudionicima kongresa i u javnosti kojoj je predavanje bilo dostupno u obliku brošure. Godine 1924. Sri Yogananda pripremio je za tisak prošireno i dopunjeno izdanje, a od tada neprekidno izlaze nova izdanja. Predgovor knjizi koji je napisao britanski državnik i filozof Douglas Grant Duff Ainslie pridodan je 1928. i dio je svih kasnijih izdanja.

Naslov izvornika na engleskom izdanju
Self-Realization Fellowship, Los Angeles (Kalifornija):
The Science of Religion

ISBN: 978-0-87612-005-7

Prijevod na hrvatski osigurao Self-Realization Fellowship

Odobrilo Međunarodno izdavačko vijeće
Self-Realization Fellowship

Prvo hrvatsko izdanje, 2022.
First edition in Croatian, 2022

Tisak dovršen 2022.
This printing 2022

ISBN: 978-1-68568-060-2

1180-J07556

Duhovno naslijeđe
Paramahanse Yoganande

Sva njegova pisana djela, predavanja i neslužbeni govori

Paramahansa Yogananda osnovao je 1920. Self-Realization Fellowship* u svrhu širenja svojega učenja diljem svijeta te radi očuvanja izvornosti i cjelovitosti učenja za buduće naraštaje. Još od ranih dana u Americi, kao plodan pisac i neumorni predavač stvorio je priznat i opsežan opus djela o jogi kao znanosti o meditaciji, zatim umijeću uravnotežena življenja i temeljnom jedinstvu svih velikih religija. To jedinstveno i dalekosežno duhovno naslijeđe i danas je prisutno te nadahnjuje milijune tražitelja istine diljem svijeta.

U skladu s izričitom željom velikoga učitelja, Self-Realization Fellowship nastavlja izdavati i redovito objavljivati nova izdanja *Sabranih djela Paramahanse Yoganande*. Ona ne uključuju samo posljednja izdanja knjiga objavljenih za njegova života već i mnoge nove naslove – djela koja nisu bila objavljena do njegove smrti 1952. ili koja su tijekom godina djelomično objavljivana u nastavcima u časopisu Self-Realization Fellowshipa, kao i stotine iznimno zanimljivih i nadahnjujućih predavanja i neslužbenih govora zapisanih, ali ne i objavljenih za Yoganandina života.

---

* U prijevodu: „Udruga samoostvarenja". Paramahansa Yogananda objasnio je kako naziv *Self-Realization Fellowship* označava: udrugu, tj. povezanost s Bogom putem samoostvarenja, u prijateljstvu sa svim dušama koje su u potrazi za istinom. Vidjeti pod: *Ciljevi i ideali udruge Self-Realization Fellowship*.

Paramahansa Yogananda osobno je odabrao bliske učenike koji su predsjedali Izdavačkim vijećem Self-Realization Fellowshipa nakon njegove smrti dajući im posebne naputke u vezi s pripremom i objavljivanjem svojih učenja. Članovi Izdavačkog vijeća Self-Realization Fellowshipa (redovnici i redovnice koji su se doživotno zavjetovali da će slijediti put odricanja i nesebičnog služenja) s dubokim poštovanjem i pažnjom slijede te naputke kako bi univerzalna poruka ovoga voljenog svjetskog učitelja nastavila živjeti u punoj snazi i izvornosti.

Zaštitni znak Self-Realization Fellowshipa (gore prikazan) oblikovao je Paramahansa Yogananda za potrebe neprofitnog društva koje je osnovao kao ovlašteni izvor svojega učenja. Naziv SRF i zaštitni znak koji se nalaze na svim tiskanim izdanjima, audio i videozapisima Self-Realization Fellowshipa jamče čitatelju da je dano djelo objavila organizacija koju je osnovao Paramahansa Yogananda i da ona prenosi njegova učenja onako kako ih je on sam zamislio i dao.

Self-Realization Fellowship

Ova knjiga je s ljubavlju posvećena pokojnom i štovanom Maharaji Sri Manidri Chandri Nundyju od Kasimbazara u Bengalu za njegovu pobožnost i velikodušnost u mnogim dobročinstvima kao prvome pokrovitelju Yogoda Satsanga škole za dječake u Ranchiju, Bihar, Indija.

SADRŽAJ

Uvodna riječ xi

Predgovor xiv

UVOD 3

PRVI DIO

Univerzalnost, nužnost i jedinstvo religije 8

Zajednički cilj života 8

Univerzalna definicija religije 10

Što znači biti religiozan 11

Religija nas „veže" dobronamjernim zakonima 12

Religija je povezana s temeljnim pitanjima 13

Univerzalna religija je praktična nužnost 14

DRUGI DIO

Razlike između patnje, ugode i blaženstva 20

Istinski uzrok patnje i bola 20

Neposredni uzroci patnje 21

Zadovoljstvo kao dvostruka svijest 22

Zamjena sredstva i cilja 24

Svijest Blaženstva javlja se prekidom vezanosti za tijelo 26

TREĆI DIO

Bog kao Blaženstvo 29

Zajednički poticaj sveg djelovanja 29

Jedino svijest Blaženstva može uspješno smiriti uzbuđenje 30

Što je Bog? 32

Dokaz o postojanju Boga je u nama 33

*Religija postaje univerzalno nužna tek kada
nam se Bog daje kao Blaženstvo* 35

*U Bogu ili svijesti Blaženstva naše duhovne težnje
nalaze ispunjenje* 37

Velika pozornica života 38

ČETVRTI DIO
Četiri temeljna religijska pristupa............41

Potreba za religijskim pristupima............41

„Sin Božji" i „Sin čovječji"............41

Podrijetlo sektaštva............42

Četiri temeljna religijska pristupa............44

   1. Intelektualni pristup............44

   2. Pristup predanosti............45

   3. Pristup meditacije............46

   4. Znanstveni pristup ili joga............48

Fiziološko objašnjenje znanstvenog pristupa............50

Rezultat primjene znanstvenog pristupa
je oslobađanje od tjelesnog i misaonog nemira............51

Redovito izvođenje znanstvenog pristupa vodi do svijesti Blaženstva ili Boga............53

Znanstveni pristup radi izravno sa životnom silom............54

PETI DIO
Načini spoznaje i teorijska valjanost religijskih pristupa............58

Tri Načina Spoznaje............58

   1. Zamjećivanje............58

   2. Zaključivanje............61

   3. Intuicija............62

Bog se intuicijom može spoznati u svim Njegovim oblicima............64

O autoru............67

Paramahansa Yogananda: Jogi u životu i smrti............71

Dodatni izvori o učenju Kriya joge
Paramahanse Yoganande............72

Lekcije Self-Realization Fellowshipa............73

Ciljevi i ideali udruge Self-Realization Fellowship............74

Ostala djela Paramahanse Yogananande............76

UVODNA RIJEČ

Douglas Grant Duff Ainslie
(1865.-1948.)

(Engleski državnik, pjesnik i filozof,
izaslanik na Međunarodnome filozofskom kongresu,
Sveučilište Harvard)

Ova knjižica pruža uvid u smisao samog postojanja. Njezina je vrijednost neizreciva jer na nevelikom broju stranica prvi put široj javnosti pruža uvid u ono najbolje iz *Veda* i *Upanišada*, u djelo Patanjalija – najistaknutijeg autora filozofije joge i pristupa jogi te u misao Šankare – najvećega uma koji je ikada boravio u tijelu smrtnika.

Ovo je svjesna izjava čovjeka koji je napokon u učenju Istoka pronašao rješenje zagonetke svijeta. Indijci su oni koji su cijelom svijetu otkrili Istinu. To je na neki način i prirodno imamo li na umu da su još prije više od pet tisuća godina, dakle u doba kada su stanovnici pradavne Britanije te preci Gala, Grka i Rimljana kao pravi barbari lutali beskrajnim šumama Europe u potrazi za hranom, Indijci već proniknuli u tajnu života i smrti, za koju danas znamo da je jedna.

Bitna stvar koju valja istaknuti u vezi s učenjem Paramahanse Yoganande, a koja je u suprotnosti s pristupom europskih filozofa poput Bergsona, Hegela i drugih, jest ta da njegovo učenje nije spekulativno već praktično pa i kada je riječ o metafizičkim pitanjima. Razlog je u tomu što su Indijci, kao niti jedan drugi narod u svijetu, proniknuli ispod vela i stigli do spoznaje koja nije filozofska, u smislu puke ljubavi prema znanju, već predstavlja samu *mudrost*. Stoga, podvrgne li se ta spoznaja verbalnoj dijalektici, ona nužno postaje predmet filozofske kritike. Jer, kako je rekao Platon, smisao života filozofa je biti stalno uključen u neku raspravu. Istina se ne može izraziti riječima pa ako se koriste riječi, makar to činio i Šankara, oštroumni će uvijek naći neku pukotinu da kroz nju izvedu napad. Ono što je konačno ne može obuhvatiti Beskonačno. Istina nije neka vječna rasprava, ona je jednostavno – Istina. Zato se ona i može jedino i nedvojbeno spoznati samo stvarnim osobnim saznanjem kroz praksu ili pristup poput onoga koji nam nudi Paramahansa Yogananda.

Paramahansa tvrdi i dokazuje, da svi na svijetu žude Blaženstvo, ali većina nas je zavedena željom za užitkom. Buddha je bio taj koji je jasnije nego itko drugi izrekao da upravo želja, ako ju se slijepo slijedi, vodi u močvarno tlo jada u kojemu se većina čovječanstva bespomoćno koprca.

No Buddha je propustio s jednakom jasnoćom izreći posljednji od četiriju pristupa za postizanje stanja Blaženstva kojemu svi žudimo. Četvrti je pristup daleko najlakši, ali je za njegovo praktično ostvarenje potrebno vodstvo stručnjaka. Sada je takav stručnjak među nama i on je Zapadu sposoban dati tehniku, skup jednostavnih pravila koja od davnina prenose drevni filozofi Indije i koja vode do ostvarenja stanja neprekidnog blaženstva.

Indijska misao i praksa oduvijek su isticale taj izravni dodir s ostvarenim učiteljem. Sve do sada takav nam je čovjek bio nedostupan, osim za nekolicinu sretnika koji su boravili u Indiji. Sada, kada nam je on dostupan na Zapadu, praktički pred našim pragom, doista bi bilo ludo oglušiti se i ne iskoristiti ovakvu priliku za praktičnu primjenu nečega što po svojoj prirodi uključuje izrazit osjećaj blaženstva i za koji Paramahansa Yogananda kaže da „predstavlja nemjerljivo veće blaženstvo od bilo kojega uživanja koje nam može pružiti ijedno od pet osjetila", te još dodaje: „Ne kanim vam za ovo predočiti nikakav jasniji dokaz od onoga koji vam može pružiti vaše vlastito iskustvo."

Prvi korak na ovome putu jest čitanje ove knjižice. Ostali će koraci, nužni za postizanje stanja Blaženstva, prirodno slijediti.

U zaključku ću navesti nekoliko stihova iz svoje poeme *Ivan Damaščanski* u kojoj sam na pjesnički način pokušao naslutiti ono što ova knjiga postiže. U pjesmi progovara Buddha kojega mi možemo poistovjetiti s Paramahansom Yoganandom u smislu da „Buddha" jednostavno predstavlja „onoga tko zna".

Dugačko je, stvarno dugo, bilo lutanje moje, pjevaše on.
Vezan lancima prošao sam mnoge živote i njihove
bezbrojne patnje koje zadavali su mi očnjaci vlastite
pomame u teškoj vrućici žudnje i želja.
Napokon nađoh i proniknuh Uzrok, pjevaše on,
vrućice vlastite, moje divlje žudnje.
Nema stoga više kuće za me, O Arhitektu,
koja bi se ikad sagraditi mogla.
Srušen je tvoj krov, rasute su
posvuda krovne grede sve do jedne,
nijedne kuće više nećeš mi izgraditi.
Nirvana je sada moja i samo moja.
Na dohvat mi je, pred očima mojim.
Upravo sad, samo ako poželim,
mogu zanavijek odavle otići
u Blaženstvo vječno, ne ostavivši traga
za sobom ni ovdje ni bilo gdje.
Ali ljubav koju za tebe nosim razlog je
zbog kojeg ostajem s tobom, Čovječanstvo.
Rukama vlastitim da izgradim most,
kojim, ako ga prijeđeš, i ti ćeš moći
slobodu postići daleko od smrti i patnje
i tako u vječno Blaženstvo za svagda uroniti.

Graditelj mosta je među nama. Dopustimo li mu to, on će vlastitim rukama sagraditi taj most.

London, Engleska
Veljača 1927.

Predgovor

Univerzalna duhovnost za nadolazeću globalnu civilizaciju

Uvod posebnom izdanju knjige „Znanost o religiji" u čast obilježavanja 100. godišnjice dolaska Paramahanse Yogananda na Zapad i utemeljenja njegova međunarodnog društva, Self-Realization Fellowship.

Parobrod „The City of Sparta", prvi brod pristigao iz Indije u Ameriku nakon završetka Prvog svjetskog rata, uplovio je 19. rujna 1920. u bostonsku luku Chelsea. Novine „The Boston Globe" izvijestile su da je među putnicima koji su se iskrcali s broda bio i „živopisan lik koji je došao kako bi sudjelovao na vjerskoj konferenciji, a kasnije namjerava održati niz predavanja diljem zemlje." Paramahansa Yogananda, tada potpuno nepoznat u Americi, postat će kasnije poznat kao „otac joge na Zapadu".

Tri stotine godina ranije, ujesen 1620., skupina doseljenika iz Engleske iskrcala se južno od Bostona u Plymouthu. U Novi svijet su stigli s idealima osnivanja društvene zajednice u kojoj će ljudi imati slobodu izbora vjerske pripadnosti. U čast obilježavanja tristogodišnjice ovog događaja udruga *American Unitarian Association* bila je organizirala Međunarodni kongres vjerskih liberala koji je trebao otpočeti s radom u listopadu 1920. Tema tog skupa bila je rasprava o značenju slobode s religijskog motrišta. To je upravo bila konferencija na koju je tada mladi Swami Yogananda bio pozvan. Tamo će održati govor o znanosti religije te istaknuti da je najuzvišeniji vid ljudske slobode onaj koji potječe od spoznaje vječnog i neprolaznog jedinstva duše s Bogom.

Velečasni Charles Wendte iz udruge *American Unitarian Association* je 1893. sudjelovao u osnivanju Parlamenta svjetskih religija u Chicagu te zajedno s drugim članovima te udruge radio na okupljanju izaslanika iz raznih vjerskih tradicija širom svijeta. Wendte i ostali organizatori kongresa u Bostonu pozivali su na osnivanje „Lige religija kao pandanu i savezniku političke organizacije kakva je Liga naroda".

Takva stremljenja bila su uvelike bliska onima Paramahanse Yoganande. U svom govoru pred izaslanicima na kongresu u Bostonu, taj swami će naglasiti univerzalnu duhovnost koja prožima sve religije da bi nekoliko godina kasnije pozvao na osnivanje „Lige duša i na Ujedinjeni svijet … u kojemu bi svaka nacija kao korisni član bila vođena Bogom kroz čovjekovu prosvijetljenu svijest."

Swami Yogananda bio je pozvan da sudjeluje na kongresu 1920. godine uz pomoć profesora Gradskog veleučilišta u Kalkuti, dr. Herambe Maitre, koji je prvotno trebao biti predstavnik udruge Brahmo Samaj (pokreta za vjerske i društvene reforme u Bengalu), ali je morao odustati od puta zbog bolesti.

Kako je navedeno u zborniku radova Međunarodnog kongresa vjerskih liberala, *New Pilgrimages of the Spirit*, „Swami Yoganada Giri je u ime dr. Maitre kao predstavnik vjerske organizacije Brahmacharya Sanghashram sudjelovao u radu kongresa i održao upečatljiv govor…"

U istom zborniku zapisano je i ovo: „Na tečnom engleskom i na vrlo odrješit način Yogananda je iznio svoj filozofski stav o 'Znanosti religije'… Istaknuo je kako je religija jedna i univerzalna. Iako se pojedinačna uvjerenja i običaji ne mogu poopćiti, ipak se nalazi zajednički element religije koji je univerzalan i kojega bi svi trebali slijediti i poštovati. Kao što je Bog jedan i neophodan svima, tako je i religija samo jedna, nužna i univerzalna. Ograničenost ljudskog poimanja razlog je što se previđa to temeljno jedinstvo unutar navodno različitih religija svijeta."

Yoganandino izlaganje u Bostonu 6. listopada 1920., jedan je od najznačajnijih događaja u povijesti vezano za američko prihvaćanje i razumijevanje znanosti joge jer je označilo početak rada „čovjeka koji je više od bilo kog drugog doprinio upoznavanju s jogom na Zapadu."*

Poletni mladi swami iz Indije nije imao namjeru obratiti slušatelje na hinduizam niti bilo koju drugu religiju. Njegova je namjera bila istaknuti univerzalnu znanost u podlozi svih religijskih putova, rekavši pri tom kako svaki pojedinac, bez obzira na pripadnost pojedinoj denominaciji, može stvarno iskusiti Boga kao živuću stvarnost u njezinu ili njegovu životu. Njegov je govor imao izuzetno dobar odjek u Bostonu. Upravo su ovdje nekoliko desetljeća ranije Transcendentalisti Nove Engleske našli utočište u potrazi za slobodom, ne u političkom ili socijalnom smislu, već u potrazi za iskustvom Božanskog, neovisno o vjeroispovijesti ili dogmi.

On je predstavio ljudima na Zapadu potpuno novu zamisao o tome što je stvarna svrha religije- trajno uklanjanje patnje i boli te nalaženje neprolazne sreće u vidu Blaženstva, prisutnosti Boga unutar sebe. Pri tom se nije zaustavio na pukom teoretiziranju već je iznio jasnu metodologiju kako u praksi, korak po korak, svatko može postići to iskustvo Blaženstva. Ta praktična metoda je joga meditacija, univerzalna nauka o duši porijeklom iz Indije.

Bijaše to govor od povijesnog značaja, čija tematika je razrađena u ovoj knjizi, u kojem je Yogananda po prvi puta upoznao zapadnu publiku s učinkovitim načinom postizanja tog univerzalnog cilja putem Kriya joga meditacije. Njegovi će naredni govori o toj temi privući medijsku pozornost vodećih časopisa u SAD, a tisuće će ljudi žednih istine ispuniti do posljednjeg mjesta velike dvorane kako bi od tog božanski nadahnutog Indijca čuli kakva je to drevna 'znanost o duši'.

Te iste godine koja označava njegov povijesni dolazak na Zapad, Yogananda je osnovao organizaciju koja će poslije dobiti ime Self-Realization Fellowship (SRF) kako bi učenje o

---

* Dr.sc. Robert S. Ellwood, profesor religijskih znanosti na sveučilištu Južne Kalifornije, iz knjige *Religious and Spiritual Groups in Modern America* (Routledge, 1973).

Kriya jogi mogao prenijeti cijelom svijetu. Njegov neumorni rad na promicanju univerzalnosti religije i naučavanju o vrhunskoj znanosti o religiji imali su dubok utjecaj na cjelokupan vjerski i duhovni život na Zapadu.

Međunarodna udruga religijskih sloboda (što je današnji naziv Kongresa religijskih liberala) godinama kasnije je u osvrtu na povijesni kongres iz 1920. godine napisala: „Jedan od istaknutih govornika na tom kongresu koji je okupio više od 2000 ljudi bio je Paramahansa Yogananda, kojeg danas veoma cijene u Indiji, a širom svijeta poštuju kao sveca. Yogananda ... je u periodu od 1920.-1952. neumorno radio na uspostavi razumijevanja između Istoka i Zapada ... Bio je jedan od najutjecajnijih i najviše uvaženih vjerskih čelnika s Istoka koji je živio i radio na Zapadu. Tijekom tih 32 godine bio je jedan od pionira zbližavanja Istoka i Zapada te je i danas voljeni duhovni učitelj milijunima ljudi."

Od časa kada se iskrcao na američko tlo neumorno je radio na približavanju dragocjene mudrosti Indije i naprednih tehnika meditacije duhovnim tragateljima diljem svijeta. Time je postavio temelje začetka nove globalne civilizacije koja se vodi vječnim principima univerzalne duhovnosti, u kojoj svaki muškarac i žena imaju mogućnost osobnog kontakta s Bogom te na taj način doprinose naprednoj i prosvijetljenoj svijesti na građanskoj, nacionalnoj i međunarodnoj razini ljudskog društva.

Slaveći 100. godišnjicu dolaska Paramahanse Yoganande na Zapad i osnivanja njegova društva, Self-Realization Fellowship, iskreno se nadamo da ćemo zbog svih onih koji iskreno slijede put Kriya joge, kao i zbog čovječanstva u cijelosti, sretno i poletno ući u sljedećih 100 godina SRF-a u kojima će sve više i više iskrenih tragatelja za Istinom otkriti univerzalne duhovne metode za dosezanje najviše moguće slobode, one oslobođenja duše.

Self-Realization Fellowship

ZNANOST O RELIGIJI

UVOD

Namjena ove knjige jest istaknuti što se podrazumijeva pod pojmom religije u smislu njezine univerzalnosti i praktične nužnosti. Također namjera je bila predstaviti ono očitovanje pojma Boga koje se izravno odražava na naš svakodnevni život.

Istina je da je Bog beskonačan u Svojoj prirodi i očitovanjima, ali je istina i da svaki pokušaj poimanja Boga oslonjen na razum samo ističe ograničenost ljudskoga uma u takvu stremljenju. Nadalje, istina je i da se ljudski um, usprkos svojim ograničenjima, ne može do kraja zadovoljiti nečim što je konačno. Prirodno je nagnuće čovjeka da tumači ono što je ljudsko i konačno s pomoću nečega nadljudskog i beskonačnog – nečega za što čovjek zna da ga ne može izraziti – premda ono implicitno leži u njemu, ali pod danim okolnostima odbija postati eksplicitno.

Naša uobičajena predodžba o Bogu uključuje osobine kao što su: nadljudski, beskonačan, sveprisutan, sveznajući i slično. Unutar te općenite predodžbe postoje mnoge inačice. Neki se Bogu obraćaju kao osobi, a drugi pak misle da je On bezobličan. Ono što ova knjiga želi naglasiti jest da bez obzira na to kakva bila naša predodžba o Bogu, ako ona nema utjecaja na naš svakodnevni život i ponašanje, ako nam u životu ona nije izvor nadahnuća i ako je ne smatramo univerzalno nužnom, onda je ta predodžba u osnovi – beskorisna.

Ako nam se Bog ne nadaje kao netko bez koga ne možemo zadovoljiti određenu potrebu, ako nam ne pomaže u našim odnosima s ljudima, u zarađivanju novca, u čitanju knjige, u polaganju ispita, pri izvođenju i najsitnije i najozbiljnije dužnosti, tada je očito da nam izmiče temeljna veza između Boga i života.

Bog može biti beskonačan, sveprisutan, sveznajući, osoban i milostiv, ali sve te zamisli o Njemu nisu dovoljne da nas potaknu na to da Ga *spoznamo*. Mi jednako tako možemo i bez Njega. On može biti sve to: beskonačan, sveprisutan i tako dalje, a da mi ipak nemamo neposredne ni praktične koristi od tih zamisli u svojim zaposlenim i užurbanim životima.

Ovakvim se zamislima (o Bogu) utječemo samo kada želimo potvrditi u filozofskim ili pjesničkim djelima, u umjetnosti ili idealističkim govorima svoju ograničenu težnju za nečim većim i višim od nas. Onda, dakle, kada unatoč svemu svojem samodopadnom znanju nismo u stanju objasniti neke očite pojave svemira ili kada ostanemo nasukani na hridima nepredvidljivih događaja svijeta koji nas okružuje i u koji smo uronjeni. *„Kleknemo u molitvu Svevišnjemu tek kada zaglavimo u nekom problemu"*, kaže jedna izreka s Istoka. Inače nam se čini da se u svojoj svakodnevici sasvim dobro snalazimo i bez Njega.

Te stereotipne zamisli (o Bogu) sigurnosni su ventili naših zatomljenih misli. One Boga objašnjavaju, ali nas ne potiču na to da Ga tražimo. Nedostaje im snaga motivacije. To što nazivamo Boga beskonačnim, sveprisutnim, punim milosti i sveznajućim, ne znači nužno da mi i *tragamo* za Njim. Te zamisli služe zadovoljenju našega intelekta, ali ne pružaju utjehu našoj duši. Ako ih se držimo i poštujemo, one nas mogu donekle oplemeniti na način da postanemo moralniji i priklanjamo Mu se, ali one nam ne približavaju Boga jer jednostavno – nisu dovoljno bliske. One Ga *udaljavaju* od naših svakodnevnih briga.

Te nam se zamisli čine dalekima dok hodamo ulicom, dok smo u tvornici, za blagajnom ili u uredu. To ne znači da nas Bog i religija ne zanimaju, već da naše zamisli (o Bogu) nisu prikladne jer nisu isprepletene s tkanjem našega svakodnevnog života. Naše poimanje Boga moralo bi nas voditi svakodnevno, zapravo, iz sata u sat. Prava zamisao o Bogu trebala bi nas potaknuti na to da Ga tražimo usred svojih dnevnih aktivnosti. To je ono što možemo smatrati praktičnom i poticajnom zamisli o Bogu. Religiju i Boga treba iz sfere vjerovanja premjestiti u sferu svakodnevice.

Ne stavimo li naglasak na nužnost Boga u svakom dijelu života i potrebu za religijom u svakoj minuti svojeg postojanja, onda nam Bog i religija prestaju biti stvarno bliski i postaju nešto što prakticiramo „jednom tjedno". Prvi dio ove knjige pokušava pokazati kako je za shvaćanje stvarne potrebe za Bogom i religijom nužno upozoriti na važnost koju oni neprestano moraju imati u našim dnevnim aktivnostima.

Također, cilj je knjige naglasiti univerzalnost i temeljno jedinstvo religije. U mnogim razdobljima postojale su različite religije. Pratile su ih žestoke rasprave, dugi ratovi i krvoprolića uzrokovana vjerskim sukobima. Ne samo što postoje različite religije već i unutar pojedinih religija nailazimo na mnogobrojne sljedbe i raznorodna mišljenja. Ako je Bog samo jedan, zašto onda postoji toliko religija?

Može se zastupati stajalište kako uzroci tomu leže u različitim stupnjevima intelektualnog razvoja i posebnosti mentaliteta pojedinih naroda, što može biti povezano s drukčijim zemljopisnim položajem i ostalim izvanjskim okolnostima koje onda određuju da su na primjer hinduizam, islam i budizam svojstveni azijskim narodima, a kršćanstvo Zapadnjacima i tako dalje. Ako pod religijom smatramo samo skup obreda, doktrina, dogmi i običaja, tada se može objasniti postojanje tolikih religija. Ako pak pod religijom *ponajprije* mislimo na svijest o Bogu ili spoznaju Boga u nama i u vanjskom svijetu, a tek u *drugom* planu mislimo na skup vjerovanja, doktrina i dogmi, tada u strogom smislu riječi postoji samo jedna religija na cijelom svijetu jer postoji samo jedan Bog.

Različite navike, oblici štovanja, doktrine i običaji mogu biti osnova za postojanje različitih vjeroispovijesti i sljedbi unutar jedne religije. Shvati li se religija na taj način, jedino se tada i samo tako može očuvati njezina univerzalnost jer je nemoguće do statusa univerzalnosti uzdignuti pojedine običaje i uvriježena mišljenja. Samo se ono zajedničko svim religijama može uzdignuti na razinu univerzalnog i samo se za takvo što može tražiti od svih da to slijede i štuju. Tek tada se može uistinu reći kako je religija ne samo nužna već i univerzalna. Svatko tada može slijediti istu religiju jer samo jedna i postoji s obzirom na to da je univerzalni element u svakoj od religija jedan te isti.

U ovoj knjizi nastojim pokazati da jednako kao što je *Bog jedan, potreban svima nama, tako je i religija jedna, nužna i univerzalna.* Jedino što se u početku putovi do nje donekle mogu razlikovati. U stvari, nije ni logično reći da postoje dvije religije kada postoji samo jedan Bog. Mogu postojati dvije vjeroispovijedi ili sljedbe, ali religija je samo jedna. Ono što danas nazivamo različitim religijama trebali bismo zvati različitim vjeroispovijedima ili sljedbama pod okriljem jedne univerzalne religije. A ono što sada zovemo različitim vjeroispovijedima ili sljedbama trebali bismo navoditi kao različite ogranke bogoštovlja. Jednom kada nam postane jasno značenje riječi „religija" na način kako ću ga objasniti, tada bismo trebali postati vrlo oprezni pri služenju tim pojmom. Ograničeno ljudsko stajalište previđa univerzalni element koji prožima sve takozvane različite religije u svijetu i taj je previd oduvijek bio uzrok mnogim nevoljama.

Ova knjiga daje psihološku definiciju religije, a ne objektivnu definiciju temeljenu na dogmama ili doktrinama. Drugim riječima, namjera je postaviti religiju kao središnje pitanje našega cjelokupnog unutarnjeg bića i ponašanja, a ne pukog pristajanja na određena pravila i ustaljene zakone.

Univerzalnost, nužnost i jedinstvo religije

Zajednički cilj života

Prvo moramo znati što je religija, a tek onda možemo prosuditi je li nužno da svi budemo religiozni. Bez nužnosti nema ni djelovanja. Svako naše djelovanje ima neki cilj zbog kojega to činimo. Ljudi u svijetu djeluju na razne načine kako bi postigli različite ciljeve. Raznovrsnost ciljeva određuje djelovanje ljudi diljem svijeta. No postoji li neki univerzalni i zajednički cilj svih djelovanja svih ljudi na svijetu? Postoji li neka zajednička viša nužnost koja nas navodi na sve djelovanje? Promotrimo li motive i ciljeve ljudskoga djelovanja u svijetu, uviđamo kako, unatoč činjenici da postoji tisuću i jedan neposredni i pojedinačni cilj, ovisno o zvanju ili zanimanju kojim se ljudi bave, ipak postoji jedan jedini cilj kojemu su svi drugi podložni, a taj je: izbjegavanje patnje i oskudice bilo čega te postizanje trajnog Blaženstva. Posebno je pitanje možemo li trajno izbjeći patnju i oskudicu i postići Blaženstvo, ali stoji činjenica kako sve naše djelovanje ima očitu namjeru izbjegavanja patnje i postizanja užitka.

Zašto se čovjek školuje? Zato što želi postati stručnjak u određenom poslu. Zašto se on želi baviti tim poslom? Zato što se na taj način može zaraditi novac. Zašto uopće zarađivati novac? Zato što će njime podmiriti osobne potrebe i potrebe svoje obitelji. Zašto treba podmiriti potrebe? Zato što se na taj način sprječava patnja i nastupa sreća.

Treba ipak reći kako sreća i Blaženstvo nisu isto. Svi mi težimo Blaženstvu, ali pritom činimo grubu pogrešku misleći da su užitak i sreća jednaki Blaženstvu. Kako je do toga došlo, ubrzo će biti objašnjeno. Doista, krajnji cilj je Blaženstvo, nešto što se osjeća u dubini duše, ali sreća koju donosi užitak zauzela je to mjesto zbog našega pogrešnog shvaćanja pa se užitak počeo smatrati konačnim ciljem. Vidimo, dakle, da ispunjenje neke potrebe, uklanjanje određene boli (tjelesne ili duševne), od najmanje do najžešće te postizanje Blaženstva čine naš konačni cilj. Nepotrebno je daljnje razmatranje razloga za postizanje Blaženstva jer takvo što nije ni moguće. To je jednostavno naš krajnji cilj bez obzira na to što činimo – počinjemo li s nekim poslom, zarađujemo novac, tražimo prijatelje, pišemo knjige, stječemo znanje, vladamo kraljevstvima, darivamo milijune, istražujemo zemlje, tragamo za slavom, postajemo filantropi ili prihvaćamo mučeništvo. Bit će naposljetku pokazano kako potraga za Bogom postaje za nas stvarna činjenica jednom kada se naš pravi cilj ne ispušta iz vida. U tomu traganju može biti milijun koraka, mnogo pojedinačnih postupaka i motiva, ali onaj konačni motiv je uvijek isti – postizanje neprekidnog Blaženstva – makar do toga vodio dugi niz pojedinačnih djelovanja.

Čovjek je obično sklon slijediti niz postupaka koji će ga dovesti do konačnog cilja. On može počiniti samoubojstvo kako bi se riješio patnje ili počiniti ubojstvo kako bi se riješio oskudice, boli ili teške muke koja mu je na srcu. Pritom se vodi mišlju da će mu to zlodjelo donijeti stvarnu zadovoljštinu ili otkloniti patnju, što on pogrešno doživljava Blaženstvom. No bitno je uočiti kako je ovdje ponovno riječ o istom nastojanju (pogrešnom, dakako) prema postizanju konačnoga cilja.

Netko može kazati: „Nije mi ni do kakva užitka ili sreće. Ja samo živim kako bih nešto postigao i doživio uspjeh." Drugi pak može reći: „Ja želim činiti dobro u svijetu. Nije mi važno hoću li zbog toga patiti ili ne." No proniknemo li u misli tih ljudi, uvidjet ćemo da je i ovdje riječ o stremljenju k sreći. Zar onaj prvi čovjek želi postići uspjeh bez osjećaja sreće i ugode? Zar onaj drugi čovjek želi činiti dobro drugima, a da se pritom i sâm ne osjeća sretnim? Očito je da nije tako. Oni se ne moraju obazirati na tisuću i jednu tjelesnu patnju ili brigu koje im mogu zadavati drugi ili koje ih mogu pratiti na putu do uspjeha ili pomaganja drugima. No budući da jedan nalazi veliko zadovoljstvo u uspjehu, a drugi intenzivno uživa u osjećaju sreće kad čini dobro za druge, prvoga zadovoljstvo tjera na uspjeh, a drugoga sreća na rad za opće dobro – unatoč teškoćama koje ih čekaju.

Ma kako nesebičan bio poticaj i ma kako iskrena bila namjera da se promiče dobro namijenjeno čitavom čovječanstvu, sve to uvijek proistječe iz temeljnog poticaja za nepatvorenom osobnom srećom kojom se stiže do Blaženstva. Ali, ovdje nije riječ o uskogrudnoj sreći sebičnog pojedinca. Riječ je o širokogrudnoj sreći proizašloj iz plemenitosti koja je u vama, meni, u svima. Može se reći da je ta sreća Blaženstvo s tek malo primjesa. Dakle, s čistim Blaženstvom kao osobnim motivom za nesebično djelovanje čovjek ne može imati uporište u sebičnosti jer on ne može dosegnuti čisto Blaženstvo ako nije proširio doseg svojih želja tako da one uključuju sve ljude. To je univerzalni zakon.

Univerzalna definicija religije

Prate li se motivi djelovanja svih ljudi, vidimo da vode do temeljnog motiva koji je zajednički svima: uklanjanje patnje i postizanje Blaženstva. Budući da je riječ o cilju zajedničkom svima, moramo ga smatrati – najnužnijim. A za čovjeka je univerzalno i najnužnije upravo – religija. Iz toga slijedi da je nužni cilj religije *trajno ukloniti patnju i postići stanje Blaženstva ili Boga*. To znači da su *religijska* i sva ona djelovanja koja se poduzimaju u svrhu stalnoga izbjegavanja patnje i postizanja Blaženstva ili spoznaje Boga. Shvatimo li religiju na ovakav način, tada njezina univerzalnost postaje očita jer nitko ne može poreći da ne želi zauvijek izbjeći patnju i postići neprekidno Blaženstvo. Ovo se mora priznati kao univerzalno načelo jer nema čovjeka koji to može poreći. Time je ograničeno i samo ljudsko postojanje.

Svi žele živjeti jer vole religiju. To se može reći čak i za samoubojicu jer je on potaknut na svoj čin nastojanjem da postigne sretnije stanje od onoga u kojem se nalazi za života. U svakom slučaju, takav čovjek misli da će se tim činom osloboditi neke patnje koja ga muči. Njegova je religija gruba, ali je u svojoj biti ipak religija. Njegov je cilj savršeno ispravan i jednak onomu svake druge osobe koja traga za srećom ili Blaženstvom. No, njegov je način ostvarenja cilja potpuno promašen. Zbog svog neznanja, takva osoba ne shvaća što će ju dovesti do Blaženstva – cilja svih ljudi.

Što znači biti religiozan

Vidimo kako je svaki čovjek na neki način religiozan jer se svatko nastoji riješiti oskudice, izbjeći patnju te postići Blaženstvo. Svi streme tom cilju. No s druge strane, samo je nekolicina ljudi u svijetu religiozna u strogom smislu jer su doista rijetki oni koji osim što imaju isti cilj kao i svi ostali, znaju i koji je najučinkovitiji način za trajno dokinuće patnje i neispunjenih želja – fizičkih, duševnih i duhovnih – te za postizanje istinskog Blaženstva.

Pravi poklonik ne može se držati krutog i uskogrudnog pojma religije, makar takvo gledište ima dalekih dodirnih točaka s pojmom religije kakav ja ovdje iznosim. Hoću reći, ako neko vrijeme ne odlazite u crkvu ili hram, niti prisustvujete obredu bogoslužja, makar ste religiozni u svom svakodnevnom životu na način da ste smireni, uravnoteženi, sabrani, suosjećajni te nalazite sreću i usred najvećih kušnji, ipak ćete biti izloženi kritici običnoga puka koji zastupa kruto stajalište i koji vrti glavom smatrajući vas „zabludjelom ovcom" koja nije Bogu bliska samo zato što niste redoviti na misi.

Pritom valja reći kako ne postoji valjan razlog da se u potpunosti prestane odlaziti u bogomolju, ali isto tako ne postoji opravdan razlog da se nekoga smatra većim vjernikom samo zato što redovito odlazi u crkvu. Pogotovo ako to odlaženje ne prati i svakodnevna primjena temeljnih religijskih načela, a to su, kako smo rekli: težnja prema konačnome cilju postizanja trajnoga Blaženstva. Religija nije rezervirana samo za crkvene klupe niti je vezana samo za crkvene obrede. Ako vas prati osjećaj dubokoga štovanja, ako je vaš svakodnevni život usmjeren prema postizanju nepomućene svjesnosti o Blaženstvu, onda ste vi jednako religiozni izvan crkve kao i dok ste u njoj.

Ovo, naravno, ne treba shvatiti kao zagovaranje neodlaska u crkvu jer nam je crkveni obred u mnogočemu od pomoći. Ovdje se samo želi naglasiti kako je potrebno uložiti jednak napor u postizanje vječne sreće dok ste izvan crkve kao i dok klečite za klupom i pasivno uživate u obredu jer i slušanje je zasigurno dobra stvar.

Religija nas „veže" dobronamjernim zakonima

Riječ „religija" izvedena je od latinske riječi *religare* koja znači vezati. Tko veže, koga veže, i zašto? Ostavimo li po strani bilo kakva pravovjerna tumačenja, možemo slobodno reći da smo „mi" ti koji smo vezani. Što je to što nas veže? Zasigurno nisu lanci ni okovi. Može se kazati da nas religija veže pravilima, zakonima i određenim zabranama. Zbog čega? Kako bi nas porobila? Kako bi nam oduzela rođenjem stečeno pravo na slobodno mišljenje i djelovanje? To je svakako nerazumno objašnjenje. Budući da religija sama po sebi ima valjan motiv, onda i ovaj motiv „vezanja" mora biti dobronamjeran. Koji je to motiv? Jedini smisleni odgovor jest da nas religija veže pravilima, zakonima i zabranama kako ne bismo zastranili i završili u jadu – tjelesnom, duševnom ili duhovnom.

Tjelesna i duševna patnja itekako su nam znane. Što bi onda bila duhovna patnja? To znači živjeti u neznanju i daleko od Duha. Ta je patnja uvijek prisutna, iako često neprimjetna, u svakomu ograničenom stvorenju, za razliku od tjelesne i duševne patnje koje dođu i prođu. Koji se drugi motiv osim upravo spomenutog može povezati s riječju „vezanje", a da nije besmislen ili odbojan? Jasno je kako ti drugi motivi, ako ih uopće ima, moraju biti u zavisnom odnosu prema ovom koji smo iznijeli.

Nije li upravo iznesena definicija religije u skladu sa spomenutim motivom riječi „vezanje" kao temeljnom odrednicom religije? Rekli smo da se religija jednim dijelom odnosi na potpuno uklanjanje patnje, bijede i boli. Ipak, religiju ne možemo svesti samo na izbjegavanje nečega kao što je bol. Zasigurno se religija sastoji i od postizanja nečega pozitivnog. Kako je moguće trajno izbjeći patnju osim ako se ne pridržimo za njezinu suprotnost – Blaženstvo? Iako blaženstvo nije baš točna suprotnost boli, ono je svakako pozitivna svjesnost uz koju možemo prionuti kako bismo se udaljili od boli. Naravno, mi ne možemo zauvijek ostati u neutralnom stanju koje niti je bol niti njezina suprotnost. Ponavljam: religija podrazumijeva ne samo izbjegavanje boli i patnje već i postizanje Blaženstva, odnosno Boga (da su blaženstvo i Bog u određenom smislu sinonimi bit će objašnjeno kasnije).

Dakle, proučavanjem korijenskoga značenja riječi religija (*lat.* vezivanje) dolazimo do iste definicije religije do koje smo došli i proučavanjem čovjekove motivacije za djelovanjem.

Religija je povezana s temeljnim pitanjima

Religija je povezana s temeljnim pitanjima. Ako je naš temeljni motiv traženje Blaženstva ili sreće, ako ne postoji nijedno naše djelovanje, nijedan trenutak našega života koji u konačnici nije povezan s tim motivom, zar se ne može reći da je ta naša žudnja povezana s našom najdubljom prirodom? Može li uopće religija biti išta što nije povezano s najdubljom žudnjom koja je u samoj našoj prirodi? Ako se religija želi povezati s nečim od životne važnosti, onda se ona mora temeljiti na životnom nagonu ili žudnji. Ova se *a priori postavka* o smislu religije izlaže u ovoj knjizi.

Na pitanje o tome kako postoje i mnogi drugi ljudski nagoni (društveni, nagon za samoodržanje itd.) osim težnje za srećom te kako bismo stoga trebali tumačiti religiju i u svjetlu tih nagona, može se odgovoriti da su ti drugi nagoni ili pod-ložni nagonu potrage za srećom ili su nerazdvojno povezani s njim pa ne mogu u bitnom osporiti naše tumačenje religije. Vratimo se opet iznesenoj tvrdnji *kako je ono univer-zalno i najnužnije za čovjeka upravo religija.* Ako religija nije ono univerzalno i najnužnije za čovjeka, što bi drugo to mo-glo biti? To zasigurno ne može biti nešto usputno i slučajno. Ako pokušamo novac učiniti onim što nam je jedino važno u životu, tada je novac naša religija, tada tvrdimo da je „do-lar naš Bog". Bilo koji prevladavajući motiv u našem životu ujedno je i naša religija.

Ostavimo sada po strani uvriježeno tumačenje jer je načelo djelovanja, a ne puko zastupanje dogmi ili pristajanje uza stroge obrede ono što u bitnome određuje što je za nas religija, bez obzira na bilo kakvo zastupanje pojedinačne vjerske zajednice. Ne trebamo čekati da nam teolog ili sveće-nik kažu kojoj sljedbi ili religiji pripadamo – naša praktična načela djelovanja sasvim su dostatna da nam daju odgovor.

Pritom je važno uočiti kako iza svakog slijepog štovanja isključivo jedne vjere ili nekoga životnog smisla uvijek po-stoji jedan temeljni motiv. Znači, ako učinimo novac, posao, zadovoljenje nužnih potreba ili stjecanje luksuznih stvari jedinim i samim smislom svojega postojanja, ipak u pozadini svih tih naših djelovanja leži jedan dublji motiv: mi sve na-vedeno tražimo kako bismo se riješili patnje i postigli sreću. Taj temeljni motiv predstavlja stvarnu religiju čovječanstva, a svi drugi motivi pripadaju pseudoreligiji. Budući da se religiji ne pristupa na tako univerzalan način, upravo je to razlog njezina povezivanja s nečim onostranim, nejasnim i za mnoge ljude nečim što je prikladno samo ženama ili starijima i nemoćnima.

Univerzalna religija je praktična nužnost

Vidimo dakle kako je univerzalna religija (ili religija shvaćena na ovako univerzalan način) praktična nužnost.

Ta nužnost nije umjetna ili nametnuta. Iako mi duboko u sebi osjećamo nužnost religije, u svakodnevnom životu, na žalost, toga često nismo ni svjesni. Kada bismo je bili svjesni, odavno bi nestalo patnje u svijetu. Ne ulaže li čovjek sve napore kako bi postigao ono za čim želi i što smatra stvarno nužnim? Ako čovjek smatra da je zarađivanje novca stvarno nužno da bi prehranio obitelj, on neće pokleknuti ni pod kakvom prijetnjom kako bi to ostvario. Šteta što ne smatramo religiju nečim jednako tako nužnim. Umjesto toga smatramo ju ukrasom, nečim usputnim, a ne bitnom sastavnicom ljudskoga života.

Isto tako velika je šteta što unatoč činjenici kako je cilj svakog čovjeka nužno religijski, u smislu da se svatko nastoji riješiti neimaštine i postići sreću, ljudi nepojmljivo griješe smatrajući istinsku religiju, na način kako smo je upravo definirali, nečim manje važnim.

Što je uzrok tomu? Zašto ne uviđamo i ne stavljamo u prvi plan ono što nam je uistinu nužno? Odgovor glasi: zbog pogrešnog stajališta društva i vlastitih vezanosti za osjetilne doživljaje.

Društvo koje nas okružuje određuje naše stajalište o tome što smatramo uistinu vrijednim i nužnim. Uzmimo na primjer utjecaj osoba koje nas okružuju te okolnosti u kojima se nalazimo. Želite li Zapadnjaka staviti pod utjecaj Istoka, smjestite ga usred Azije. Isto tako, želite li da čovjek s Istoka postane Zapadnjak, dovedite ga u Europu. U oba slučaja samo promatrajte rezultate koji su očiti i neizbježni. Zapadnjak će se priviknuti i usvojiti pravila, način odijevanja, života i mišljenja te istočnjački pogled na svijet, a čovjek s Istoka na sličan će način prihvatiti zapadnjački način života. Čini se da ne postoji univerzalno prihvaćena istina.

Međutim, većina ljudi ipak će se složiti u jednom: da je njihov svakodnevni život sa svim brigama i užicima, dobrim i lošim danima, itekako vrijedan življenja. No zato će o nužnosti univerzalne religije samo rijetki uopće razmišljati, što je i razlog zašto mi tome ne posvećujemo gotovo nikakvu pozornost.

Poznata je činjenica da čovjek vrlo rijetko uopće nastoji vidjeti bilo što izvan svojega kruga ili dosega razmišljanja. Za sve ono što mu je blisko on se zauzima, opravdava, oponaša, teži k tome i osjeća kako je to uvriježen način života i ponašanja. Sve ono što je izvan njegova područja on previđa ili smatra manje vrijednim. Odvjetnik će, na primjer, s najvećom pozornosti pratiti sve što ima veze s pravom dok će u pravilu svemu ostalom pridavati puno manju pozornost.

Praktičnu nužnost univerzalne religije često se smatra nečim teorijskim, a religiju općenito nečim isključivo intelektualnim. Ako smo religijski ideal upoznali samo na intelektualan način, tada smatramo kako smo taj ideal stvarno i dosegnuli te da nije potrebno ostvariti ga i u stvarnome životu.

Naša je velika pogreška što brkamo praktičnu nužnost s teorijskom nužnosti. Mnogi će doduše priznati kako je univerzalna religija uistinu povezana s trajnim izbjegavanjem patnje i svjesnim postizanjem stanja blaženstva, ali će tek nekolicina shvatiti važnost i praktičnu nužnost koju sa sobom nosi ovakvo shvaćanje religije.

Paramahansa Yogananda s nekolicinom izaslanika na Međunarodnom kongresu vjerskih liberala održanom u listopadu 1920. u Bostonu, Massachusetts. Sri Yogananda je pred uvaženim skupom održao govor pod naslovom: „Znanost o religiji".

Unity House, mjesto održavanja Međunarodnog kongresa vjerskih liberala.

Paramahansa Yogananda govori u Denveru, Colorado, kolovoz 1924.

Paramahansa Yogananda u New Yorku, 1926.

DRUGI DIO

Razlike između patnje, ugode i blaženstva

Istinski uzrok patnje i bola

Sada je nužno istražiti istinski uzrok boli i patnje, duševne i tjelesne, jer je njihovo izbjegavanje jedna od zadaća univerzalne religije. Pritom polazimo od činjenice utemeljene na svakodnevnom iskustvu svakoga od nas kako smo uvijek svjesni sebe kao nositelja aktivne snage u pozadini svojega duševnog i tjelesnog djelovanja. Mi zaista obavljamo niz radnji – primamo i obrađujemo informacije iz okoline, razmišljamo, pamtimo, osjećamo, radimo i tako dalje. Ipak, u pozadini svih tih radnji krije se jedan zajednički nazivnik koji zovemo „ego" ili „jastvo". On upravlja svim našim djelovanjem i sebe doživljava kao nešto nepromjenljivo kroza sva naša sadašnja i prošla iskustva.

U Bibliji stoji: „Ne znate li da ste hram Božji i da Duh Božji prebiva u vama?"* Svatko je od nas zasebno duhovno Jastvo, odraz jednoga univerzalnog Duha koji je blaženstvo – Bog. Na isti način kao što se odrazi jednog sunca prikazuju u mnogobrojnim posudama punima vode, tako je i čovječanstvo naizgled podijeljeno na mnoštvo duša koje borave u tjelesnim i duševnim posudama te se izvana čine odvojenima od jednoga univerzalnog Duha. U stvarnosti su Bog i čovjek jedno, a njihova je odvojenost samo privid.

Kako je onda moguće da mi kao odrazi Duha nismo uopće svjesni svojega temeljnog Blaženstva, već smo izloženi tjelesnoj i mentalnoj patnji i bolu? Odgovor je: naše se

---

* 1 Kor 3:16.

duhovno Jastvo dovelo u taj položaj (bez obzira na koji način) tako što se poistovjetilo s ovim prolaznim tijelom i nemirnim umom. Duhovno Jastvo zbog ovog poistovjećivanja osjeća tugu i bol pri neugodnim i bolesnim stanjima uma i tijela, odnosno ushit i sreću u ugodnim i zdravim uvjetima. Ovo poistovjećivanje je uzrok stalne uznemirenosti duhovnog Jastva zbog izloženosti ovim prolaznim stanjima.

Uzmimo sljedeći slikoviti primjer poistovjećivanja: majka zbog duboka poistovjećivanja s djetetom osjeća patnju i veliku bol ako čuje glasine ili informaciju o stvarnoj djetetovoj smrti, dok s druge strane ostaje ravnodušna ako čuje za smrt djeteta neke žene iz susjedstva s kojom se nije poistovjetila. Sada možemo zamisliti svijest u slučaju kada je poistovjećivanje stvarno, a ne prividno. Prema tomu, *osjećaj poistovjećivanja s prolaznim tijelom i nemirnim umom izvor je i temeljni uzrok patnje našega duhovnog Jastva.*

Kad shvatimo da je poistovjećivanje duhovnog Jastva s tijelom i umom temeljni uzrok patnje, možemo se okrenuti psihološkoj analizi neposrednih ili blisko povezanih uzroka patnje kao i razlikovanju patnje od ugode i Blaženstva.

Neposredni uzroci patnje

Zbog ovog poistovjećivanja duhovno Jastvo ima određene težnje – duševne i tjelesne. Želja za ispunjenjem tih težnji stvara žudnju, a žudnja dovodi do patnje. Ove težnje ili nagnuća mogu biti prirodne ili umjetno stvorene. Prva vrsta težnji stvara prirodne žudnje, a druga vrsta stvara umjetne žudnje. Što su brojnije naše žudnje, to je veća vjerojatnost za patnju jer što je više žudnji, to ih je teže sve ispuniti, a što je više žudnji neispunjeno, to je naša patnja veća. Poveća li se broj želja i žudnji, i patnja postaje veća. Ako ne pronalazimo način za neposredno zadovoljenje neke želje ili pri ispunjenju nailazimo na zapreku, to odmah dovodi do patnje.

A što je to želja? To nije ništa drugo do novo stanje „uzbuđenosti" koje se javlja u umu. To je njegov hir izazvan određenim predmetom uzbuđenja. *Želja* dakle predstavlja *stanje povećane uzbuđenosti uma koje vodi do patnje i jada.* Želja istodobno vodi do pogrešnog djelovanja kojim nastojimo ispuniti žudnje koje smo prije toga stvorili i nagomilali, a zatim ih pokušavamo zadovoljiti određenim objektima, umjesto da smo ih od samog početka nastojali smanjiti.

Ponekad se može činiti da patnja nastaje bez prethodne želje, na primjer, bol nastala zbog ozljede. No moramo biti svjesni da se ovdje radi o želji da se bude zdrav, želji koja je uvijek podsvjesno prisutna u umu i prožima naš čitav organizam. U ovom slučaju ta je *želja* dovedena u pitanje ugroženim zdravljem, odnosno ozljeđivanjem. Ovdje se također radi o nastanku patnje čiji je uzrok uznemirenost uma zbog neispunjene želje.

Želja može voditi do patnje, ali i do ugode. Jedina je razlika ta što se u prvom slučaju radi o neispunjenoj želji, a u drugom se čini kako je žudnja stvorena željom ispunjena s pomoću izvanjskih predmeta.

No ovo stanje zadovoljstva zbog ispunjene želje koje su nam pružili određeni predmeti nije trajno, već polako nestaje, a nama ostaje samo sjećanje na predmete za koje smo mislili da su nam utažili žudnju. Na taj način u budućnosti ovo sjećanje na predmete naših želja jača i vodi do ponovnog javljanja žudnje koja, ako se ne zadovolji, opet vodi u patnju.

Zadovoljstvo kao dvostruka svijest

Zadovoljstvo je povezano s dvije vrste svijesti – jednu predstavlja „svijest uzbuđenja" zbog posjedovanja željene stvari, a druga je svijest o tomu kako više nema patnje koju je uzrokovala žudnja. Ovdje je prisutan i element osjećanja i razmišljanja. Potonja, tzv. „svijest suprotnosti" ili cjelokupna svijest (o tomu kako sam patio dok nisam imao željenu stvar te kako sada boli nema jer sam dobio ono za čim sam žudio) je upravo ono što u većini čini užitak privlačnim.

Vidimo stoga da svijest žudnje prethodi svijesti o ugodi jer se svijest o ispunjenju žudnje javlja naknadno. To znači da je svijest o ugodi usmjerena i na žudnju i na zadovoljavanje žudnje. Um je onaj koji stvara žudnju i koji ju zadovoljava.

Velika je pogreška smatrati određene predmete ugodnima samima po sebi i stvoriti takvu zamisao u umu s nadom da ćemo taj predmet želje steći u budućnosti. Kada bi predmeti sami po sebi nosili privlačnost, onda bi ista odjeća ili hrana uvijek zadovoljavali sve ljude, a to nije slučaj.

Ono što nazivamo zadovoljstvom je tvorevina našeg uma. On stvara prijevarnu svijest o uzbuđenju koje ovisi o zadovoljenju prethodnog stanja žudnje i sadašnjoj svijesti suprotnosti. Stvorimo li u umu što uzbudljiviju predodžbu privlačnosti o nekoj stvari i potaknemo li u sebi što jaču žudnju za njom, to je veća vjerojatnost da ćemo postati ovisni o toj stvari, misleći kako njezino dobivanje nužno vodi k zadovoljstvu, a pomisao o njezinom mogućem gubitku stvara žudnju. Oba ta stanja svijesti u konačnici vode k patnji.

Želimo li doista smanjiti svoju patnju, moramo što je moguće više iz uma postupno uklanjati sve želje i osjećaj žudnje koji ih prati. Ako ne dopustimo stvaranje želje za nekim predmetom koji nam, navodno, može zadovoljiti žudnju, tada neće nastati ni prijevarna svijest uzbuđenja pa makar nekim slučajem taj predmet bio blizu nas.

Ali umjesto da radimo na smanjenju i stišavanju žudnji, po navici radimo suprotno – stvaramo nove i raznovrsne potrebe i želimo ispuniti neku pojedinačnu potrebu pa smo na kraju suočeni sa žudnjom da ih sve ispunimo. Na primjer, da udovoljimo potrebi za novcem, počinjemo se baviti nekim poslom. Da bismo uspješno poslovali, moramo voditi računa o mnogobrojnim stvarima i potrebama. Svaka od tih stvari i potreba vodi do novih obveza koje nam još više odvlače pozornost i tako dalje.

Vidimo da nam je izvorna potreba za novcem donijela tisuću puta više problema i novih potreba. To ne znači da je bavljenje nekim poslom ili zarađivanje novca samo po sebi loše ili da nije potrebno, stvar je u tome da je loše stvaranje sve više i više različitih potreba.

Zamjena sredstva i cilja

Ako se u pokušaju zarade novca radi ostvarenja nekog cilja, novac pretvori u samu svrhu, tada započinje naše ludilo. Sredstvo u tom slučaju postaje ciljem, a pravi cilj se gubi iz vida. I tako ponovno počinju naši jadi. U ovom svijetu svatko ima određene dužnosti. Razmotrimo stoga ponovno, radi boljeg uvida, prethodni primjer.

Obiteljski čovjek mora zarađivati novac kako bi mogao uzdržavati svoju obitelj. Pokreće neki posao i počinje voditi brigu o pojedinostima koje će posao učiniti uspješnim. No, što se često događa nakon nekog vremena? Poslovanje postaje uspješno i s vremenom novac počinje pritjecati sve dok ga ne bude i više nego što je potrebno za zadovoljavanje njegovih potreba i njegove obitelji.

Tada se obično zbiva jedna od dviju stvari. Ili zarađivanje novca postaje samo sebi svrhom, iz čega proizlazi posebna vrsta zadovoljstva zgrtanjem bogatstva, ili pak samo vođenje posla preuzme čovjeka toliko da želi raditi i zarađivati sve više. U oba je slučaja sredstvo za zadovoljenje prvotne potrebe – što je i bio primarni cilj – postalo samo sebi ciljem – novac ili poslovanje postali su sami sebi ciljem.

Isto tako može doći do stvaranja novih i nepotrebnih želja koje se onda nastoje ostvariti s pomoću „stvari". U svakom slučaju, sva naša pozornost odvlači se od Blaženstva (koje mi, naravno, zamjenjujemo zadovoljstvom pa nam zadovoljstvo tada postaje cilj). U tom slučaju nam razlog zbog kojeg smo započeli posao postaje drugorazredan u odnosu na stvaranje novog bogatstva. U samom korijenu te želje za daljnjim stvaranjem bogatstva nalazi se želja za posjedovanjem tih stvari koja se očituje kao osjećaj uzbuđenosti, pri čemu je prisutna i misao na prošlost kada su nam te stvari pružale zadovoljstvo.

U samoj prirodi želje je da traži svoje ispunjenje osiguravanjem odgovarajućih uvjeta. Kad se oni ispune, nastupa zadovoljstvo, a kada uvjeti nisu ispunjeni slijedi patnja. Budući da se, kako je već rečeno, zadovoljstvo rađa iz želje i povezano je s prolaznim stvarima, ono samo vodi do stanja uzbuđenosti i bola kada te stvari izgubimo. Na taj način dolazi do naše patnje.

Ukratko: od prvobitne svrhe pokretanja nekog posla, to jest zadovoljenja neposrednih tjelesnih potreba, mi se okrećemo prema sredstvu ispunjavanja te potrebe, a to je ili sam posao ili zgrtanje bogatstva koje donosi taj posao, ponekad čak i stvaranje novih želja. Budući da nam sve ovo čini zadovoljstvo, to nas u konačnici vodi do patnje koja je, kako smo istaknuli, uvijek neizravni ishod zadovoljstva.

Ono što vrijedi u slučaju zarađivanja novca vrijedi i za svako drugo djelovanje u svijetu. Kada god zaboravimo svoj istinski cilj, a to je postizanje Blaženstva ili stvaranje uvjeta ili načina života koji do njega vode, usmjeravajući umjesto toga svu svoju pozornost na stvari koje pogrešno smatramo sredstvom ili načinom postizanja blaženstva tako što ih pretvaramo u cilj, mi na taj način samo povećavamo svoje želje, žudnje i uzbuđenja, a sve to nas vodi prema jadu i patnji.

Nikada ne treba zaboraviti naš cilj. Trebali bismo ograničiti svoje potrebe. Ne bismo ih trebali uzastopno sve više i više povećavati jer će nam to na kraju donijeti samo jad i patnju. Pritom ne mislim na to da ne trebamo zadovoljiti nužne potrebe proizašle iz naše povezanosti s vanjskim svijetom, niti da trebamo postati besposleni sanjari i idealisti koji zanemaruju svoju bitnu ulogu u svekolikom ljudskom napretku.

Ponovimo stoga: patnja proizlazi iz želje, a na posredan način i iz zadovoljstva koje djeluje poput optičke varke koja ljude vabi u živi pijesak potreba kako bi ih učinila vječno jadnima i u patnji.

Vidimo dakle da je *želja* u korijenu svake patnje koja se javlja zbog poistovjećivanja Jastva s umom i tijelom. Ono što stoga moramo učiniti jest *riješiti se te vezanosti odustajanjem od poistovjećivanja s osjetilima*. Trebamo prekinuti pupčanu vrpcu vezanosti i poistovjećivanja. Ulogu koju nam je dodijelio Veliki Redatelj na pozornici života moramo odigrati s punom uživljenošću tijela i uma, ali iznutra trebamo ostati neokrznuti i smireni pred izazovima ugode i patnje baš kao što to čine glumci na pravim kazališnim daskama.

Svijest Blaženstva javlja se prekidom vezanosti za tijelo

Kada postanemo bestrasni i prestanemo se poistovjećivati s tijelom, u nama se javlja svijest Blaženstva. Sve dok smo ljudi, ne možemo biti bez želja. Kako onda kao ljudi možemo ostvariti svoju božanskost? Za početak trebamo imati razumne želje, zatim učiniti svoje želje plemenitijima, sve vrijeme pokušavajući dosegnuti svijest Blaženstva. Tada ćete osjetiti da se automatski kida lanac vaše vezanosti za razne želje.

Može se reći kako ćete iz mirnoga središta Blaženstva na posljetku naučiti kako se riješiti svojih sitnih želja i postati svjesni samo onih na koje vas navodi neki viši zakon. Zato je Isus Krist rekao: „Ali neka ne bude moja, nego Tvoja volja!"*

Kada kažem da je postići Blaženstvo univerzalni cilj religije, pritom pod Blaženstvom ne mislim na uobičajeno zadovoljstvo ni na intelektualnu zadovoljštinu koja dolazi s ispunjenjem želje i potrebe i koja je pomiješana s uzbuđenjem kao kada kažemo da smo ugodno uzbuđeni.

U Blaženstvu nema uzbuđenja niti ono podrazumijeva svijest o suprotnostima: „Moja patnja ili potreba otklonjeni su ostvarivanjem želje za posjedovanjem ovih ili onih predmeta zadovoljstava." Blaženstvo je svijest o savršenom spokoju – to je svijest o našoj mirnoj prirodi, nepomućenoj nametljivom sviješću kako više nema patnje.

Jedna prispodoba će vam ovo pojasniti. Imam ranu i

---

* Lk 22:42.

osjećam bol. Kada rana zacijeli, osjećam zadovoljstvo. Ova svijest o ugodi sastoji se od uzbuđenja ili osjećaja neprestane misli kako više ne osjećam bol zbog rane.

Stvar je u tome da čovjek koji je dosegnuo Blaženstvo može zadobiti ranu, no kada se rana izliječi, on je svjestan da njegov spokoj nije bio uznemiren ni dok je rana postojala niti se spokoj vratio nakon što je rana zarasla. Takav čovjek osjeća da je on na proputovanju kroz dvojni svemir bola i ugode, no da on s njim zapravo nema nikakve veze i da taj dvojni svemir ne može ni poremetiti ni pojačati spokoj i stanje Blaženstva koje kroz njega neprestano struji. Ovo stanje Blaženstva oslobođeno je sklonosti prema uzbuđenju koje je dio zadovoljstva i patnje.

Svijest Blaženstva posjeduje svoj pozitivan i negativan vid. Negativna strana očituje se kroz odsutnost svijesti o zadovoljstvu i boli; pozitivna strana je transcendentalno stanje izrazitog mira koje u sebi uključuje veliko širenje svijesti u vidu spoznaje „Sve je u Jednome - Jedno je u svemu." Ovo stanje ima svoje stupnjeve. Iskreni tragalac za Istinom nakratko može iskusiti to stanje svijesti. Istinski mudrac ili prorok potpuno je i stalno uronjen u to stanje.

Imajući na umu da bol i ugoda imaju svoje podrijetlo u želji i potrebi, naša je dužnost ako želimo postići Blaženstvo, odreći se svih želja osim želje za Blaženstvom koje je naša stvarna priroda. Ako je sav naš napredak: znanstveni, društveni i politički, vođen ovim jednim zajedničkim univerzalnim ciljem (uklanjanjem patnje), zašto unositi smetnju (ugodu) i na taj način zaboraviti da trebamo trajno biti utemeljeni u spokoju ili Blaženstvu?

Onaj tko uživa u blagodati zdravlja, neizbježno će ponekad osjećati bol zbog lošeg zdravlja jer ugoda ovisi o stanju uma, naime, o vašoj ideji o zdravlju. Nije loše biti dobrog zdravlja, niti je loše težiti tome, ali biti vezan za zdravlje, u smislu da osjećamo unutarnji nemir zbog misli o zdravlju, ono je što trebamo izbjegavati. Živjeti na takav način značilo bi udovoljiti svojoj želji koja će vas odvesti u tugu.

Moramo težiti zdravlju, ne zbog zadovoljstva koje ono pruža, već zato što ono omogućava izvršavanje dužnosti i ostvarivanje našeg cilja. Povremeno, zdravlju će se suprotstaviti suprotno stanje ili bolest. Ali, Blaženstvo ne ovisi ni o kojem stanju, bilo vanjskom ili unutarnjem. *Ono je prirodno stanje Duha.* Zato se ono ne boji kako će mu se bilo koje drugo stanje suprotstaviti. Ono će zauvijek neprestano protjecati, u porazu i uspjehu, u zdravlju i bolesti, u bogatstvu i siromaštvu.

Bog kao Blaženstvo

Zajednički poticaj sveg djelovanja

Prethodna psihološka rasprava o patnji, ugodi i Blaženstvu s pomoću dva iduća primjera razjasnit će vam moju zamisao o najvišoj zajedničkoj potrebi za Bogom spomenutu na početku.

Uvodno sam napomenuo da ako se pobliže razmotre ljudska djelovanja, uviđa se jedan temeljni i univerzalni poticaj zbog kojeg čovjek djeluje, a taj je izbjegavanje patnje i s tim vezano stalno nastojanje ostvarenja Blaženstva ili težnje k Bogu. Prvi dio poticaja, izbjegavanje patnje, nešto je što se ne da poreći sagledamo li poticaje svih dobrih i svih loših djelovanja koja se u svijetu događaju.

Uzmimo za primjer čovjeka koji želi izvršiti samoubojstvo i religioznog čovjeka koji je ravnodušan prema svim stvarima u svijetu. Nema sumnje da se obojica pokušavaju osloboditi boli koja ih pritišće, obojici je cilj trajno ukinuti bol. Drugo je pak pitanje jesu li uspješni u tome, ali po pitanju svojih motiva oni su jednaki.

No jesu li sva ljudska djelovanja *izravno* potaknuta željom za dostizanjem konačnog Blaženstva ili Boga, što je drugi zajednički motiv svih aktivnosti? Ima li zločinac za svoj neposredni cilj dostizanje Blaženstva? Teško. Razlog za ovo je objašnjen u raspravi o zadovoljstvu i Blaženstvu. Tamo smo istaknuli kako je zbog poistovjećivanja s tijelom duhovno Jastvo obuzela navika predavanja željama i stvaranja potreba koje iz toga proizlaze. Ove želje i potrebe ako nisu zadovoljene, vode do patnje, odnosno ako su zadovoljene, vode do ugode.

Međutim, ovdje čovjek čini kobnu pogrešku. Kada je

potreba ispunjena, čovjek doživljava ugodu uzbuđenja i na žalost griješi tako što pozornost usmjerava isključivo na predmete koji izazivaju ovo uzbuđenje te pretpostavlja da su oni glavni uzrok njegovu zadovoljstvu. On potpuno zaboravlja da je prethodno doživio uzbuđenje kroz želju nastalu u svome umu, a da je tek poslije u umu doživio drugo uzbuđenje koje je zamijenilo ono prvo i to u obliku zadovoljstva, za koje se čini da ga izaziva sama pojava predmeta zadovoljstva. U stvari, jedno uzbuđenje koje se javilo u umu zamijenilo je drugo, također nastalo u umu.

Vanjski predmeti pripadaju pojavnosti – oni nisu uzroci. Želja jednog siromaha za poslasticom može biti zadovoljena običnim slatkišem i ovo ispunjenje izazvat će zadovoljstvo. Ali neki bogataš svoju će želju za poslasticom možda zadovoljiti tek najboljim tortama, a ispunjenje će i u ovom slučaju pružiti isto zadovoljstvo. Prema tome, ovisi li zadovoljstvo o vanjskim predmetima ili o stanju uma? Sigurno o ovome drugom.

Međutim, zadovoljstvo je, kao što smo već rekli, uzbuđenje. Stoga nikada ne možemo opravdati pokušaj smirivanja uzbuđenja prisutnoga u nekoj želji putem nekog drugog uzbuđenja kao što je ono koje se osjeća u zadovoljstvu. Budući da mi upravo to činimo, našim uzbuđenjima nikada nema kraja pa zato ni našoj boli i patnjama.

Jedino svijest Blaženstva može uspješno smiriti uzbuđenje

Ono što trebamo učiniti je *smiriti* uzbuđenje prisutno u želji, a ne ga raspirivati i produžavati putem uzbuđenja koje nosi zadovoljstvo. Ovo uspješno smirivanje može omogućiti samo svijest Blaženstva koja ne predstavlja bezosjećajnost, već je takva svjesnost uzvišeno stanje ravnodušnosti i prema bolu i prema zadovoljstvu. Svako ljudsko biće teži dostizanju Blaženstva ispunjavanjem želja, ali se pogreškom zaustavlja na zadovoljstvu pa ljudskim željama nema nikada kraja, a čovjeka odnosi vrtlog patnje.

Zadovoljstvo je zavodljiva i opasna varka, no upravo to prianjanje uza zadovoljstvo postaje naš motiv za buduća djelovanja. To nas može prevariti poput fatamorgane u pustinji. Već smo rekli kako se zadovoljstvo sastoji od svijesti o uzbuđenju i od svijesti o suprotnosti koja nam kaže da boli više nema. Stoga, kada se mi usmjerimo na zadovoljstvo, a ne na Blaženstvo, to nas vodi ravno u zatvoreni egzistencijalni krug u kojemu ne uviđamo svoju zabludu i u kojemu se zadovoljstvo i patnja izmjenjuju bez kraja i konca. Ta promjena kuta gledanja zbog koje nam se zadovoljstvo čini kao Blaženstvo uzrok je naše patnje i nevolje.

Iako je istinski cilj čovječanstva izbjeći patnju i postići Blaženstvo, vidimo da čovjek zbog kobne pogreške uslijed pokušaja izbjegavanja patnje juri za nečim prijevarnim što naziva zadovoljstvom i pogrešno ga smatra Blaženstvom.

Da je postizanje Blaženstva, a ne zadovoljstva univerzalna i najviša čovjekova potreba, posredno dokazuje činjenica kako čovjek nikada nije u potpunosti zadovoljan posjedovanjem samo jednog predmeta zadovoljstva. On uvijek leti od jednog do drugog predmeta zadovoljenja; od novca do odjeće, od odjeće prema posjedovanju, nakon toga do bračnoga zadovoljstva – to je neumorno putovanje. I tako čovjek uzastopno upada u bol iako ju nastoji izbjeći na način za koji misli da je jedino ispravan. Ipak, čini se da u njegovu srcu uvijek ostaje neka nepoznata i nezadovoljena težnja.

Međutim, religiozan čovjek (to je drugi primjer koji navodim), uvijek želi usvojiti ispravan religiozni način kojim može doći u dodir s Blaženstvom ili Bogom.

Naravno, kada kažem da je Bog Blaženstvo, pritom mislim da je On vječno postojeći i *svjestan* Svojega blaženog postojanja. Isto tako i mi, kada želimo vječno Blaženstvo ili Boga, podrazumijevamo također svoju želju za vječnim, besmrtnim, nepromjenjivim, uvijek svjesnim postojanjem. Da svatko od nas, od najvišeg do najnižeg, želi obitavati u

Blaženstvu, dokazano je *a priori,* kao i razmatranjem motiva i djelovanja čovjeka.

Ponovimo ove tvrdnje na malo drukčiji način: pretpostavimo da neko više biće siđe među nas i kaže svim ljudima na Zemlji: „O, stvorenja ovoga svijeta, darovat ću vam vječne patnje i jad uz vječno postojanje. Hoćete li to prihvatiti?" Bi li bi se to ikome svidjelo? Nikome. Svi žele vječno Blaženstvo (*Ananda*), uz vječno postojanje (*Sat*). U stvari, razmatrajući motive svijeta, također se pokazuje kako ne postoji nitko tko ne bi želio Blaženstvo.

Isto tako, nikomu se ne sviđa mogućnost pogibli, stresemo se i pri samoj pomisli na takvo što. Svi žele postojati „za vijeke vjekova", neprestano (*Sat*). Međutim, da nam se ponudi vječno postojanje ali bez *svijesti* o tom postojanju, mi bismo to odbili. Jer, tko bi prigrlio postojanje u duboku snu? Nitko. Svi želimo svjesno postojanje.

Ukratko, svi želimo vječno, blaženo, svjesno postojanje, što se u hinduizmu označava pojmom: *Sat-Chit-Ananda* (Postojanje-Svijest-Blaženstvo). To je u stvari hinduističko ime za Boga. Zadržimo se ipak, iz čisto praktičnog razloga, samo na očitovanju Boga kao Blaženstva, izostavljajući dio vezan uz pojmove *Sat* i *Chit*, odnosno *svjesno postojanje* (kao i ostale Njegove vidove koje ovdje ne razmatramo).

Što je Bog?

Što je Bog? Da je Bog nešto drugo osim Blaženstva, da Njegov dodir u nama ne izaziva Blaženstvo, već da nam stvara samo bol, ili kada Njegov dodir ne bi uklanjao bol – zar bismo Ga tada željeli? Ne. Ako je Bog nešto od čega nemamo koristi, mi Ga ne želimo. Ima li koristi od Boga koji uvijek ostaje nepoznat i čiju prisutnost ne doživljavamo *unutar nas* barem u nekim životnim okolnostima?

Koju god zamisao o Bogu stvorili primjenjujući razum (npr. „On je transcendentalan", ili „On je imanentan"), ona će uvijek ostati neodređena i nejasna sve dok ju stvarno ne osjetimo kao takvu. U stvari, mi držimo Boga na sigurnoj udaljenosti, katkad Ga shvaćamo kao čisto osobno biće, a onda ponovno o Njemu samo *teorijski* razmišljamo kao o biću *unutar* nas.

Zbog naših nejasnih ideja i iskustva koja se odnose na Boga, mi ne možemo pojmiti istinsku potrebu za Njim kao ni praktičnu vrijednost religije. Ova mutna teorija ili ideja ne potiče naše uvjerenje. Ona ne mijenja naš život, ne utječe vidljivo na naše ponašanje, niti nas navodi da pokušamo spoznati Boga.

Dokaz o postojanju Boga je u nama

Što univerzalna religija govori o Bogu? Ona kaže da se dokaz o postojanju Boga nalazi u nama. To je unutarnje iskustvo. Sigurno se možete prisjetiti barem jednog trenutka iz svojeg života kada ste u molitvi ili tijekom bogoslužja osjetili kako se okovi vašega tijela na trenutak kidaju te kako dvojna iskustva zadovoljstva i patnje, sitnih ljubavi i mržnje, nestaju iz vaših misli. Čisto Blaženstvo i spokoj navrlo je u vaše srce, a vi ste uživali u nepomućenu miru Blaženstva i zadovoljstva.

Premda se takvo uzvišeno iskustvo ne javlja često, nema sumnje da su ponekad svi ljudi tijekom molitve, bogoštovlja ili meditacije doživjeli nekoliko trenutaka takvoga divnog i nepomućenog mira.

Nije li to dokaz o postojanju Boga? Koji još neposredniji dokaz o postojanju i prirodi Boga možemo pružiti osim onog o postojanju Blaženstva unutar nas koje se javlja kroz istinsku molitvu ili službu Bogu? Postoji i kozmološki dokaz o postojanju Boga: svojim kretanjem od posljedice k uzroku, od svijeta se uzdižemo do njegova Stvoritelja. Na isti način, postoji i teleološki dokaz. Grčka riječ *telos* znači plan i svrhu, dakle preko otkrivanja svrhovitosti dolazimo do vrhovne Inteligencije koja je tvorac tog Plana. Postoji i moralni dokaz: od svijesti i osjećaja savršenstva mi se uzdižemo do samog savršenog Bića kojemu dugujemo odgovornost.

Ipak, mora se priznati kako su ovi dokazi manje-više proizvod umovanja i logičkog zaključivanja. No mi ne možemo u potpunosti i neposredno spoznati Boga putem ograničenih moći razuma. Naš nam razum može pružiti samo djelomično i posredno viđenje predmeta i događaja. Intelektualno poimanje stvari ne znači ući sasvim u njih i biti jedno s njima, već je to sagledavanje odvojeno od cjeline. Intuicija je, međutim, ta koja, kako ćemo kasnije objasniti, daje neposredan uvid o istini. Božju svijest ili svijest Blaženstva doseže se intuicijom.

Nema nikakve sumnje o tome da su svijest Blaženstva i Božja svijest istovjetni i jednoznačni pojmovi jer kada se dosegne svijest Blaženstva osjećamo kako se naša ograničena osobnost preobražava i mi se uzdižemo iznad dvojnosti beznačajnih ljubavi i mržnji, zadovoljstava i boli te dosežemo razinu na kojoj nam mukotrpnost i ništavnost obične svijesti postaju sve uočljiviji.

Isto tako osjećamo unutarnje širenje i sveobuhvatnu simpatiju prema svemu. Buka svijeta iznenada iščezava, uzbuđenje nestaje i čini nam se kako postajemo u potpunosti svjesni spoznaje da je „sve u Jednom i Jedno je u svemu". Izranja veličanstvena vizija svjetlosti. Sve nesavršenosti, sva nezgrapnost rastapaju se i nestaju u ništavilu. Kao da smo prebačeni u neko drugo područje, do Izvora nepresušnog Blaženstva, ishodišta neprekidnog trajanja. Nije li tada svijest Blaženstva podudarna s Božjom svijesti u kojoj se javljaju već spomenuta stanja ostvarenja?

Ako Boga želimo dovesti unutar dosega svačijeg iskustva duboka mira, očito je da se Njega ne može bolje zamisliti nego kao Blaženstvo. Bog tada prestaje biti teorijska pretpostavka. Nije li ovo plemenitija prispodoba Boga? Opažamo Ga kako se u našim srcima očituje u obliku Blaženstva koje se javlja u meditaciji, u stanju predanosti i duboke molitve.

Religija postaje univerzalno nužna
tek kada nam se Bog daje kao Blaženstvo

Samo kada shvatimo Boga kao Blaženstvo, tek tada možemo stvoriti pretpostavku za univerzalnu nužnost religije. Nitko ne može poreći da želi postići Blaženstvo. Ako ga želi stvarno dosegnuti na pravi način, čovjek mora biti religiozan u smislu da se želi približiti i osjetiti Boga u svom srcu kao Blaženstvo.

Ova svijest Blaženstva ili Božja svijest prožet će sve naše djelatnosti i raspoloženja samo ako joj to dopustimo. Ako se čvrsto usidrimo u ovoj svijesti, moći ćemo prosuđivati relativnu religijsku vrijednost svakoga ljudskog djela i pobude.

Kada se jednom uvjerimo u to da je postizanje svijesti Blaženstva naša istinska religija, naša životna svrha, naš krajnji cilj, tada će nestati sve sumnje u vezi s raznim učenjima, zakonima i zabranama te različitim vjerama u svijetu. Tada će sve biti sagledano u svjetlu stupnja razvoja u odnosu na istinsku svrhu religije.

Istina će snažno bljesnuti, tajna postojanja bit će riješena i rasvijetlit će se pojedinosti našega života, sva naša djela i pobude. Moći ćemo odvojiti golu istinu od vanjskih utjecaja religijskih učenja i uvidjeti bezvrijednost običaja koji samo zavode ljude i stvaraju razlike među njima.

Kada religiju shvatimo na taj način, neće biti čovjeka na svijetu bez obzira bio on dječak, mladić ili starac koji je ne bi mogao provoditi; bez obzira na njegov životni položaj – bio on student, radnik, odvjetnik, liječnik, stolar, znanstvenik ili filantrop. Ako religija znači riješiti se htijenja i postizanje Blaženstva, ima li tada uopće nekoga tko se ne može smatrati religioznim i tko se neće još više potruditi produbiti svoju vjeru ako mu se pokažu ispravne metode?

Ovdje se ne postavlja pitanje o raznovrsnosti religija: onih koje su osnovali Krist, Muhamed ili Šri Krišna. Svatko nužno pokušava biti religiozan i može težiti svom usavršavanju prihvaćanjem prikladnih naputaka. Ne postoji razlika između kasti ili vjerovanja, sekte ili vjere, odjeće ili klime, godina ili spola, zanimanja ili titula jer ova je religija univerzalna.

Kada bismo obznanili kako svi ljudi trebaju slijediti Šri Krišnu kao svog Spasitelja, bi li svi kršćani i muslimani to prihvatili? Kada bismo od svih zatražili da prihvate Isusa kao Gospodina, bi li svi hindusi i muslimani to učinili? Također, ako sve pozovete da prihvate Muhameda kao svog Proroka, hoće li se svi kršćani i hindusi složiti s vama?

Međutim, ako kažete: „O braćo kršćani, muslimani i hindusi, vaš Gospod Bog je Vječno-Postojeće-Blaženo-Svjesno Biće, neće li oni to prihvatiti? Zar je moguće da oni to odbiju? Neće li oni tvrditi kako jedino Bog može stati na kraj svim njihovim patnjama?

Isto tako, ovakav zaključak se ne može izbjeći ako kažemo da kršćani, hindusi i muslimani ne doživljavaju Isusa, Krišnu i Muhameda kao Gospoda Boga, već da ih smatraju samo izuzetnim stjegonošama Božjim, drugim riječima, ljudskim utjelovljenjima Božanskog. Što ako čovjek razmišlja na ovaj način? Nisu od presudne važnosti fizička tijela Isusa, Krišne i Muhameda niti nas ponajprije zanima njihovo mjesto u povijesti.

Mi ih ne pamtimo isključivo zbog njihovih različitih i zanimljivih načina na koji su propovijedali istinu. *Mi ih duboko štujemo i divimo im se zato što su spoznali i osjećali Boga.* Upravo nas ta činjenica zanima kada se radi o njihovom povijesnom postojanju i njihovim raznovrsnim načinima na koje su izražavali Istinu.

Nisu li svi oni spoznali Boga kao Blaženstvo i otkrili istinsko Blaženstvo kao istinsku božanskost? Nije li ovo dostatna veza koja otkriva jedinstvo među njima, da i ne spominjemo ostala očitovanja Boga i Istine koja su spoznali i izrazili? Zar ne bi bilo prirodno da kršćanin, hindus i musliman pokažu zanimanje za proroke iz drugih religija jer su svi oni postigli Božju svjesnost? Bog ujedinjuje sve religije pa je spoznaja Njega kao Blaženstva ono što ujedinjuje svjesnost proroka svih religija.*

U Bogu ili svijesti Blaženstva naše duhovne težnje nalaze ispunjenje

Čovjek ne treba misliti da je ovakav prikaz Boga previše apstraktan i da nema veze s našim duhovnim nadanjima i težnjama koje zahtijevaju poimanje Boga kao osobe. To nije zamisao o neosobnom biću, kako se obično shvaća, ni o osobnom biću, kako se obično ograničeno razumije.

Bog nije osoba, kao što smo to mi zbog svoje ograničenosti. Naše biće, svijest, osjećanje, volja tek su djelomično slični Njegovu Biću (Postojanju), Svijesti i Blaženstvu. Bog je osobnost u transcendentalnom smislu. Naše biće, svijest i osjećanja su ograničeni i iskustveni, dok su Božji neograničeni i transcendentalni. Bog posjeduje neosobni, apsolutni lik, ali pritom ne bismo smjeli misliti da je On izvan dosega svih naših iskustava, čak i našeg unutarnjeg.

Bog se svima javlja putem iskustva mira. Ostvarujemo Ga u svijesti Blaženstva. Ne postoji ni jedan drugi neposredan dokaz Njegova postojanja. U Njemu kao Blaženstvu naše duhovne nade i težnje pronalaze ispunjenje, a naša ljubav i predanost pronalaze svoj predmet obožavanja.

Zamisao o osobnom biću koje nije ništa drugo doli uvećana slika nas samih nije nam potrebna. Bog može biti ili postati bilo kakav; osoban, bez oblika, svemilostiv, svemoguć i slično. Mi tome ne bismo trebali pridavati nikakvu pozornost. Koju god zamisao imali o Njemu, ona točno odgovara

---

* Svijest Blaženstva ima istaknuto mjesto i u tzv. ateističkim religijama poput budizma. Budistička *nirvana* nije kako mnogi zapadni pisci pogrešno misle „utrnuće svjetla" i dokidanje postojanja. Točnije, *nirvana* je stanje u kojem je ograničena osobnost uništena te je nadosjetilni mir dosegnut u svojoj sveukupnosti. To je upravo ono do čega se dolazi uzvišenim stanjem svijesti Blaženstva, iako budisti to ne nazivaju Bogom.

našim namjerama, nadama, težnjama i našem savršenstvu. Također ne bismo trebali misliti kako će ovakva zamisao o Bogu od nas stvoriti idealiste, sanjare koji prekidaju vezu sa svakodnevnim dužnostima i odgovornostima, radostima i patnjama koje uobličuju praktični svijet. Ako je Bog Blaženstvo, a mi hrlimo k Blaženstvu da bismo spoznali Boga, ne trebamo zato zapostavljati svoje svjetovne dužnosti i odgovornosti. Dok obavljamo te dužnosti, možemo i dalje osjećati Blaženstvo jer ih ono nadilazi pa Ga one ne mogu poremetiti. U Blaženstvu nadrastamo radosti i patnje svijeta, ali ne i obvezu obavljanja svojih propisanih dužnosti u svijetu.

Samoostvareni čovjek spoznaje kako je Bog „Onaj Koji Djeluje". Sva snaga za obavljanje naših raznih djelatnosti slijeva se iz Njega u nas. Onaj koji je ukotvljen u vlastitom duhovnom Jastvu osjeća se samo nepristranim motriteljem svih djelatnosti, bilo da gleda, sluša, osjeća, miriše, kuša ili prolazi kroz raznovrsna druga iskustva na Zemlji. Uronjeni u Blaženstvo takvi ljudi žive život u skladu s Božjom voljom.

Kada se njeguje nevezanost, uskogrudni egoizam nestaje. Tada osjećamo kako glumimo dodijeljene nam uloge na pozornici svijeta, a da pritom iznutra nismo uznemireni dobrim i zlim, ljubavlju i mržnjom koji se događaju kroz sve naše uloge.

Velika pozornica života

Svijet možemo zaista usporediti s pozornicom. Redatelj bira ljude koji će mu pomoći u postavljanju neke predstave. Glumcima dodjeljuje uloge, svi rade po njegovim uputama. Redatelj jednom glumcu daje ulogu kralja, drugome ulogu ministra, trećemu sluge, nekom ulogu junaka, itd. Netko od njih mora igrati tužnu ulogu, a netko radosnu.

Ako svaki čovjek igra svoju ulogu prema uputama redatelja, tada je predstava, koja uključuje komične, ozbiljne i tužne dijelove, uspješna. Čak i najsporednija uloga ima svoje nezamjenjivo mjesto u predstavi.

Predstava je uspješna ako je svaka uloga savršeno

odigrana. Svaki glumac igra svoju ulogu patnje ili zadovoljstva dojmljivo i stvarno, potpuno uživljen, gledajući izvana. Međutim, iznutra on ostaje nedirnut svim tim strastima koje uprizoruje: ljubav, mržnju, žudnju, pakost, ponos i poniznost.

No ako se glumac pri izvođenju predstave suviše poistovjeti s nekom situacijom ili osjećajem koji izražava i pritom izgubi svoju individualnost, to će izgledati, blago rečeno, budalasto. Sljedeća priča to vrlo dobro oslikava.

Jednom se u kući nekog bogatog čovjeka igrala *Ramayana**. U toku predstave otkrilo se da nema čovjeka koji je trebao igrati ulogu Hanumana (majmuna), prijatelja i pratitelja Rame†. U svojoj nevolji redatelj zaskoči ružnog tupavka po imenu Nilkamal te ga pokuša nagovoriti da odglumi Hanumana. Nilkamal se isprva protivio, ali je na kraju ipak bio prisiljen odigrati ulogu. Njegova ružna pojava kod publike je izazvala bučan smijeh i oni u šali počeše vikati: „Hanumane, Hanumane!" Nilkamal ne mogaše to podnijeti. Jednostavno je zaboravio da je to samo predstava i ogorčen je viknuo: „Gospodo, zašto me zovete Hanuman? Zašto se smijete? Ja nisam Hanuman. Redatelj me prisilio da se pojavim u predstavi".

U složenom svijetu naših života mi ne uviđamo da su to sve samo predstave. Umjesto toga, mi se poput Nilkamala poistovjećujemo s predstavom i osjećamo gađenje, patnju i zadovoljstvo. Pritom zaboravljamo upute i naloge Velikog Redatelja. U velikoj predstavi života u kojoj igramo svoje uloge mislimo da su sve naše patnje i zadovoljstva, ljubavi i mržnje stvarne, jednom riječju, postajemo potpuno obuzeti njima i za njih smo vezani.

Ova pozornica svijeta nema ni početka ni kraja. Svatko bi trebao, bez gunđanja igrati ulogu koju mu je dodijelio Veliki Redatelj jer je riječ o predstavi. Treba se ponašati tužno

---

* Dramsko djelo koje se temelji na drevnom, istoimenom sanskrtskom epu. (*bilješka izdavača*)

† Središnji sveti lik epa Ramayana. (*bilješka izdavača*)

kada nam je uloga tužna ili zadovoljno kada igramo ugodne uloge, no nikada se iznutra ne smijemo poistovjetiti s dodijeljenom nam ulogom.

Isto tako, nitko ne bi trebao željeti igrati tuđu ulogu. Kada bi svatko na svijetu igrao ulogu kralja, cijela bi predstava izgubila na zanimljivosti i smislu.

Onaj tko je dosegnuo svijest Blaženstva bit će *svjestan* da je svijet samo pozornica i igrat će svoju ulogu najbolje što može. Nikada neće zaboraviti Velikog Redatelja – samog Boga, spoznavši i osjećajući pritom Njegov plan i vodstvo.

Četiri temeljna religijska pristupa

Potreba za religijskim pristupima

U prethodna tri poglavlja vidjeli smo kako je poistovjećivanje duhovnog Jastva s tijelom i umom osnovni uzrok naše boli, patnje i ograničenja. To poistovjećenje je uzrok zbog kojeg nam se javljaju iskustva bola i zadovoljstva dok nam istodobno gotovo potpuno izmiče stanje svijesti Blaženstva ili svijesti Božje. Također, vidjeli smo da je temeljna svrha religije trajno izbjegavanje patnje i postizanje čistoga Blaženstva ili Boga.

Kao što se na nemirnoj površini vode ne može vidjeti jasna slika sunca, tako se ni istinska blažena priroda duhovnog Jastva, koje je odraz univerzalnog Duha, ne može shvatiti zbog valova nemira koji se javljaju zbog poistovjećivanja Jastva s promjenljivim stanjima tijela i uma. Kao što valovita površina vode iskrivljuje pravu sliku sunca, tako i uznemireni um zbog spomenutog poistovjećivanja ne uspijeva spoznati istinsku, vječnu i blaženu prirodu unutarnjega Jastva.

Svrha ovog poglavlja je izložiti najjednostavnije, najrazumnije i najosnovnije pristupe, svakome dostupne, za oslobađanje vječno blaženoga duhovnog Jastva od štetne vezanosti i poistovjećivanja s prolaznim tijelom i umom. Ti pristupi vode do trajnog izbjegavanja patnje i postizanja Blaženstva, što je u stvari temeljna svrha religije.

Prema tome, osnovi pristupi koji će se razmotriti su religiozni i uključuju religijsko djelovanje jer se jedino s pomoću njih duhovno Jastvo može osloboditi poistovjećivanja s tijelom i umom i sukladno s tim riješiti se patnje te dosegnuti trajno Blaženstvo ili Boga.

„Sin Božji" i „Sin čovječji"

Kada je Isus proglasio sebe „Sinom Božjim", pritom je

mislio na univerzalni Duh koji u Njemu boravi. U Ivanovu Evanđelju, 10:36, Isus kaže: „Kako vi meni, koga posla i posveti Otac, velite 'huliš' zato što rekoh 'Sin sam Božji.'"

Međutim, kada je u drugim prilikama koristio izraz „Sin čovječji", mislio je na fizičko tijelo, čovječjeg potomka, na tijelo koje se rađa iz drugog ljudskog tijela. Na primjer, u Evanđelju po Mateju, 20:18-19, Isus govori učenicima: „Evo ulazimo u Jeruzalem, gdje će Sin čovječji biti predan glavarima... i oni će ga predati poganima... da ga razapnu."

U Evanđelju po Ivanu, 3:5-6, Krist kaže: „Zaista, zaista kažem ti, tko se ne rodi od vode (oceana vibracija zvuka Aum ili Amen, Duha Svetoga, nevidljive Sile koja podržava čitavo stvaranje; Boga u Njegovu imanentnom očitovanju kao Stvoritelja) i Duha, taj ne može ući u kraljevstvo Božje. Što je rođeno od tijela, tijelo je; što je rođeno od Duha, duh je." Ove riječi znače da sve dok ne *transcendiramo* tijelo i ne spoznamo sebe kao Duh, nećemo moći ući u kraljevstvo ili u stanje univerzalnoga Duha.

Ovu misao pronalazimo i u sanskrtskim stihovima indijskih spisa: "Ako možeš transcendirati tijelo i doživjeti sebe kao Duh, bit ćeš vječno blažen i oslobođen svega bola."

Postoje, dakle, *četiri* temeljna, univerzalna religijska pristupa. Ako ih se pridržavamo u našemu svakodnevnom životu, oni će s vremenom duhovno Jastvo osloboditi okova tijela i uma. Ova četiri religijska pristupa obuhvaćaju sve religijske prakse koje je ikada zagovarao neki od svetaca, učitelja ili Božjih proroka.

Podrijetlo sektaštva

Proroci su religijsku praksu osmišljavali i naučavali u obliku doktrina. Ljudi ograničena intelekta, ne uspijevajući shvatiti pravi smisao ovih učenja (doktrina), prihvaćaju samo njihovo egzoterično ili vanjsko značenje te se postupno gube u formalizmu, konvencijama i slijepom pridržavanju slova pisma. Iz toga izvire svako sektaštvo.

Počinak od rada na Dan Gospodnji (biblijski Sabat) krivo je protumačen kao odmor od svakog posla pa i od religijskog napora. Ovo je opasnost koja prijeti ljudima ograničena shvaćanja. Trebamo shvatiti da nismo mi stvoreni radi Sabata, već da je Sabat stvoren zbog nas. Nismo stvoreni zbog pravila, već su pravila stvorena radi nas – kako se mi mijenjamo, tako se mijenjaju i pravila. Trebamo se pridržavati bitnoga temelja nekog pravila, a ne držati se dogmatski forme.

Za mnoge je promjena izvanjskih formi i običaja ono što razlikuje jednu religiju od druge. Pa ipak, najdublji smisao svih doktrina raznih proroka je u temelju isti. Većina ljudi to ne shvaća.

Podjednaka opasnost postoji i kod onih koji se smatraju velikim intelektualcima. Oni pokušavaju spoznati najvišu Istinu jedino s pomoću svog intelekta. Međutim, najviša Istina može se spoznati jedino vlastitim ostvarenjem. Ostvarena spoznaja razlikuje se od jednostavnog shvaćanja. Ne postoji način da se intelektualno shvati slatkoća šećera osim ako ga prije toga nismo okusili. Isto tako, religijska spoznaja proizlazi iz najdubljeg iskustva vlastite duše. To često zaboravljamo dok težimo spoznati Boga putem religijskih dogmi i moralnosti. Rijetko idemo za spoznajom s pomoću našeg unutarnjeg religijskog iskustva.

Žalosno je što ljudi velike intelektualne snage koji uspješno koriste svoje misaone sposobnosti u otkrivanju dubokih istina prirodnih znanosti i drugih znanstvenih polja misle kako će na isti način, intelektom, moći shvatiti najviše religijske i moralne istine. Žalosno je i to što intelekt ili moć rasuđivanja često postaje preprekom umjesto da bude pomoć u shvaćanju najviše Istine koja se može spoznati na samo jedan način – živeći vlastiti život.

Razmotrimo četiri pristupa važna za religijski napredak.

ČETIRI TEMELJNA RELIGIJSKA PRISTUPA

1. Intelektualni pristup

Intelektualni pristup je općenito prihvaćena i prirodna metoda koja ne vodi brzo i učinkovito do cilja.

Intelektualni je napredak priroden te je stoga zajednički svim razumnim bićima. Naše nas samosvjesno razumijevanje razlikuje od životinja koje posjeduju svijest, ali ne i samosvijest.

Postepenim evolutivnim razvojem svijest postupno prelazi u samosvijest – od svijesti životinje do samosvjesnog postojanja. Svijest teži postupnom oslobađanju nastojeći samu sebe spoznati i pritom se mijenja u samosvijest. Ova promjena je evolucijska nužnost, čiji je dio težnja za intelektualnim djelovanjem. Duhovno Jastvo, zarobljeno poistovjećivanjem s raznim vrstama i stupnjevima tjelesnih i misaonih stanja, prirodno se i postupno osvještavajući sebe nastoji vratiti k sebi.

Duhovno Jastvo koristi se razvojem svjesnog mišljenja kako bi raskinulo lance tijela i uma. Težnja duhovnog Jastva za povratkom k sebi – svome izgubljenom stanju – s pomoću razvoja misaonog postupka sasvim je prirodna. To je djelovanje na razini svijeta.

Univerzalni Duh izražava se kroz razne stupnjeve razvoja, od nižih k višim. U stijenama i zemlji ne postoji život ili svijest, što jasno možemo zaključiti. Biljke već posjeduju vegetativni rast, što je već očitovanje života, ali ne u punom obliku jer ne postoji još svjesno misaono djelovanje. Životinje posjeduju život i svijest o životu. U čovjeku – kao vrhuncu evolucije – postoji život, svijest o životu, ali i svijest o Jastvu (samosvijest).

Za čovjeka je, dakle, prirodno da se nastoji razvijati putem mišljenja i razumijevanja, ozbiljnim proučavanjem knjiga, istraživanjem i napornim izučavanjem uzroka i posljedica u prirodnom svijetu.

Što se dublje čovjek upušta u misaone procese, to se na neki način više koristi „metodom" kojom je postao ono što jest tijekom evolucijskog razvoja svijeta (to jest, metodom kojom se svijest razvija u samosvijest) te se sve više, svjesno ili ne, približava Jastvu jer *u procesu mišljenja mi se uzdižemo iznad tijela.*

Slijedimo li ovaj pristup s jasnom namjerom, on će nas dovesti do sigurnih rezultata. Pritom nam iskustvo intelektualnog rada s ciljem stjecanja raznih stručnih znanja donekle može pomoći u stjecanju svijesti o vlastitom Jastvu. Ipak, puno je učinkovitiji onaj misaoni proces koji kao jedini predmet svog razmišljanja ima nadilaženje tijela i uvid u istinu.

U Indiji se takav intelektualni pristup u svom najvišem obliku naziva *Jnana joga*. To je stjecanje istinske mudrosti prisjećanjem i raščlanjivanjem, kojima se stalno podsjećamo na sljedeće: „Ja nisam ovo tijelo. Prolazna pozornica stvaranja ne utječe na moje Jastvo. Ja sam Duh."

Jedan od nedostataka ovoga pristupa je što on vodi do vrlo *sporog* procesa samospoznaje duhovnog Jastva. To može zahtijevati vrlo mnogo vremena. Dok duhovno Jastvo počinje proces samospoznaje na ovaj način, ono je i dalje uključeno u niz prolaznih misli koje u osnovi nemaju važnost.

Mir Duha je izvan dosega misli i tjelesnih osjeta iako, jednom kada se taj mir postigne, on se očituje i na tjelesnoj razini.

2. Pristup predanosti

Kod ovog pristupa pozornost se pokušava usmjeriti na samo jedan predmet misli, a ne na više misli ili predmeta (kao što je slučaj kod intelektualnog pristupa).

Pristup predanosti uključuje sve oblike bogoštovlja poput molitve (pritom se isključuje sve što je vezano za svjetovne stvari). Duhovno Jastvo mora usmjeriti pozornost vrlo pomno i s dubokim štovanjem na bilo koji oblik – bilo osobnog Boga ili neosobne Sveprisutnosti. Vrlo je bitno da se poklonik koncentrira na samo jednu misao koja uključuje predanost i to s *iskrenom namjerom*.

Ovim postupkom duhovno Jastvo postupno se oslobađa uznemirenosti koju donosi mnoštvo misli pa ima vremena i priliku razmišljati o sebi. Kada se iskreno molimo, zaboravljamo sve tjelesne utjecaje i rješavamo se svih misli koje bi nam mogle odvući pozornost.

Kako naša molitva postaje sve dublja, tako raste i naše zadovoljstvo koje postaje mjera našeg uspjeha u približavanju Blaženstvu i Bogu. Nadmoć ovoga pristupa postaje očita jednom kada uspijemo nadvladati tjelesni nemir i ukrotiti misli.

Međutim, ovaj pristup ima svojih nedostataka i teškoća. On nam ne pomaže učinkovito odvući pozornost iz područja tjelesnih utjecaja i misaonih uzbuđenja zbog dugotrajne ovisnosti i ropstva koje duhovno Jastvo vežu uz tijelo, što je duboko ukorijenjena loša navika.

Bez obzira na to koliko čovjek nastojao svim srcem moliti se ili provoditi neki drugi oblik štovanja, njegovu pozornost nemilosrdno napadaju tjelesne senzacije i nasrtaji raznoraznih misli što ih nam priziva sjećanje. Dok se molimo, često smo posve obuzeti razmišljanjem o okolnostima koje pogoduju tjelesnoj udobnosti ili se ponajprije usredotočujemo na uklanjanje svega što bi nam ju moglo poremetiti.

Usprkos svim našim svjesnim naporima, loše navike koje su postale naša druga narav gospodare željama Jastva. Suprotno našim željama, um postaje nemiran i da parafraziramo: „Gdje god je tvoj um, tu je i tvoje srce." Uče nas da se molimo Bogu svim srcem. No, općenito, mi se molimo dok su nam misli i srce ometani nemirnim mislima i osjetilnim dojmovima.

3. Pristup meditacije

Ovaj kao i sljedeći pristup potpuno su znanstveni u svojoj osnovi te obuhvaćaju praktično izvođenje vježbi koje su osmislili veliki mudraci na temelju svojih iskustava u ostvarenju istine i samospoznaje. Ja sam osobno učio od jednoga takvog mudraca.

Ove metode ne sadrže ništa što bi bilo tajnovito, štetno niti išta čega bismo se trebali bojati. Ako se čovjek s njima upozna na pravi način, one su u stvari jednostavne. Tada se uviđa i njihova univerzalna točnost. Znanje provjereno u praksi najbolji je dokaz njihove vrijednosti i istinske koristi.

Redovitim provođenjem tehnika meditacije koje nam tako postaju navika možemo postići stanje „svjesnoga sna". Ovo mirno, ugodno i spokojno stanje obično doživljavamo neposredno prije nego što utonemo u dubok san, čime prelazimo u nesvjesno stanje, ili pak prije buđenja, kad izlazimo iz duboka sna.

U ovom stanju svjesnog sna oslobađamo se svih misli i vanjskih tjelesnih osjeta čime se Jastvu omogućava da razmišlja o sebi te povremeno ulazi u stanje Blaženstva, ovisno o dubini i učestalosti meditiranja.

U ovom stanju privremeno se oslobađamo svih tjelesnih i misaonih smetnji koje odvlače pozornost Jastva. Smirivanje voljnih živaca u meditaciji stavlja pod nadzor vanjske ili osjetilne organe na način kako se to javlja pri spavanju.

Ovo stanje meditacije je početno, ali ne i krajnje stanje meditacije. Tijekom svjesnog sna učimo kontrolirati samo vanjske ili osjetilne organe. Jedina razlika između običnog sna i meditacije leži u tome što se u prvom slučaju organi osjeta automatski nadziru dok su u drugom slučaju oni pod voljnim nadzorom.

Ipak, u ovom ranom dijelu meditacije duhovno Jastvo i dalje ometaju neki od refleksno upravljanih unutarnjih organa. Primjerice, pluća, srce i drugi dijelovi tijela za koje pogrešno pretpostavljamo da su izvan naše kontrole.*

---

* Rijetko nam uspijeva ono što polazi za rukom velikim svecima i učiteljima, a to je: kako odmoriti unutarnje organe. Zbog pretpostavke da su oni izvan naše kontrole, oni se preopterećuju i iznenada se zaustavljaju, što mi opisujemo kao „smrt" ili „veliki san".

Zbog toga nam treba bolja metoda jer sve dok duhovno Jastvo ne može po volji isključiti sve tjelesne osjete – čak i one unutar tijela koje također vode do pojave misli – već je i dalje osjetljivo na te smetnje, ono ne može doći u priliku da spozna sebe.

4. Znanstveni pristup ili joga

Sveti Pavao je rekao: „Iz dana u dan mrem."*. Ovim je htio kazati da je poznavao postupak kontroliranja rada unutarnjih organa i da je svoje unutarnje Jastvo mogao svojevoljno osloboditi od utjecaja tijela i misli – iskustvo koje obični, neuvježbani ljudi osjećaju jedino u trenutku smrti kada se duhovno Jastvo oslobađa svoga istrošenog „odijela" ili tijela.

Prema tome, praktičnim i redovitim provođenjem znanstvenog pristupa[†] Jastvo može *bez nastupanja konačne smrti* doživjeti sebe kao jedinku odvojenu od tijela.

Ovdje ću izložiti samo op}eniti opis ovog pristupa kao i pravu znanstvenu teoriju na kojoj se on temelji. Ovo objašnjenje zasniva se na mojemu osobnom iskustvu. Mogu stoga reći kako ne sumnjam u univerzalnu istinitost izloženog pristupa. Također mogu slobodno kazati, kako sam i prethodno istaknuo, da se tijekom izvođenja ove metode osjeća sveobuhvatno i intenzivno Blaženstvo koje i jest naš krajnji cilj. Izvođenje ovih vježbi samo po sebi je iznimno ugodno. Usuđujem se tvrditi da je taj osjećaj Blaženstva daleko čišći od najvećeg užitka koji nam um ili neko od naših pet osjetila mogu ikada priuštiti.

Dokaz istinitosti ovog pristupa temelji se na vlastitom

---

* 1 Kor. 15:31.

† Znanstveni pristup koji se spominje ovdje i u ostatku knjige odnosi se na *Kriya jogu*, drevnu duhovnu znanost koja uključuje određene jogijske tehnike meditacije. Ove je tehnike Paramahansa Yogananda poučavao putem tzv. *Lekcija Self-Realization Fellowshipa (bilješka izdavača)*.

iskustvu. Što strpljivije i redovitije osoba provodi ovu tehniku, vlastitim će iskustvom sve više osjećati intenzivnu i trajnu povezanost s Blaženstvom.

Ovome blaženom miru suprotstavljaju se naše tjelesne težnje poduprte našim lošim navikama. No svako tko bude redovit u vježbanju ovih tehnika i tko ih postupno bude izvodio sve dulje, zasigurno će se naći u stanju nadnaravna Blaženstva.

Ipak, ne treba prerano očekivati pozitivne rezultate do kojih ove tehnike mogu dovesti da ne bismo nakon kratkog pokušaja prekinuli s vježbanjem. Da bismo ozbiljno napredovali, nužni su sljedeći uvjeti: prije svega ljubav i pozornost prema onome što se uči; nakon toga, želja za spoznajom u duhu najozbiljnijeg samoispitivanja; i treće, ustrajnost u radu sve dok se ne postigne željeni cilj.

Ne smijemo biti polovični i nakon kratkog rada prekinuti izvođenje tehnike jer inače nećemo postići željeni rezultat. Početnik na duhovnom putu koji prerano pokušava procijeniti iskustva ostvarenih učitelja i proroka svih vremena nalik je na dijete koje pokušava upisati poslijediplomski studij.

Jako je žalosno što ljudi većinu svoje energije i vremena troše na zadovoljenje fizičkih potreba ili se upuštaju u intelektualne rasprave o raznim teorijama, ne uviđajući da je puno vrjednije strpljivo raditi na stjecanju iskustava koja će ih dovesti do spoznaje o stvarnom smislu života. Ljudska pozornost često je više vremena posvećena pogrešno usmjerenim naporima nego onima ispravim.

Spomenutu tehniku provodim već godinama, i kako vrijeme prolazi, sve više osjećam radost trajnog i neiscrpnog Blaženstva.

Treba imati na umu da je duhovno Jastvo u okovima tijela već tko zna koliko vremena. Jastvo se ne može osloboditi tjelesnosti za jedan dan niti kratko i površno vježbanje ove tehnike čovjeka može dovesti do najvišeg stanja Blaženstva, niti mu može omogućiti kontrolu nad unutarnjim organima. Potrebna je strpljiva i duga, duga praksa.

Ipak, sa sigurnošću se može reći kako će provođenje ove tehnike donijeti veliku radost čiste svijesti Blaženstva. Što je više budemo primjenjivali, brže ćemo dosegnuti Blaženstvo. Želio bih da se vi kao tragaoci za istinom, što svi skupa jesmo, doista potrudite i sami doživite tu univerzalnu istinu koja je u svima i koju svi mogu osjetiti. Ovo stanje nije ničija izmišljotina. Ono već postoji. Mi ga samo trebamo otkriti.

Sve dok sami ne provjerite ovu istinu, nemojte ravnodušno gledati na ovo što pišem. Možda ste se umorili slušajući razne teorije od kojih nijedna do sada nije imala neposredna utjecaja na vaš život. Ovo nije nikakva teorija, već ostvarena istina. Pokušavam vam pružiti sliku onoga što se stvarno može doživjeti.

Imao sam veliku sreću što sam mogao prije mnogo godina učiti ovu svetu, znanstvenu istinu od jednog velikog indijskog sveca*. Možda se pitate zašto sam ovako nametljiv, zašto vašu pozornost usmjeravam k ovim činjenicama. Imam li u tome neki sebični interes? Na ovo odgovaram potvrdno. Želim vam pružiti ovu istinu s nadom da ću zauzvrat osjetiti čistu radost jer sam vam pomogao da i sami otkrijete svoju radost tijekom izvođenja tehnike i njezina ostvarenja.

Fiziološko objašnjenje znanstvenog pristupa

Sada, nakratko, moram ući u područje fiziologije jer će nam ona omogućiti općenito razumijevanje ovog pristupa. Osvrnut ću se na tok električne struje koja iz mozga teče kroz posebna središta fine energije, a zatim nastavlja put do vanjskih (osjetilnih) i unutarnjih organa i održava ih vitalnima.

Postoji šest glavnih energetskih središta preko kojih struja *prane* (vitalne struje ili životnog elektriciteta)† iz mozga teče kroz živčani sustav. To su:

---

* Swami Sri Yukteswar, guru Paramahanse Yoagnande. (*bilješka izdavača*)
† Inteligentna energija suptilnija od atomske energije; *prana* ili životna sila pokreće i održava život u tijelu. (*bilješka izdavača*)

1. medulla središte   4. lumbalno (slabinsko) središte
2. cervikalno (vratno) središte   5. sakralno (križno) središte
3. dorzalno (prsno) središte   6. trtično središte

Mozak je glavna električna centrala (najviše središte). Sva su središta međusobno povezana i rade pod utjecajem najvišeg središta (moždanih stanica). Moždane stanice izvor su životne struje, odnosno elektriciteta, koji teče kroz ova središta, iz kojih se dalje struja širi prema raznim eferentnim i aferentnim živcima, koji pak prenose impulse pokreta i osjetilne impulse dodira, vida i sl.

Ova električna struja koja se stvara u mozgu osigurava život organizma (njegovih unutarnjih i vanjskih organa). Putem ove električne struje i naši osjetilni dojmovi dolaze do mozga te potiču misaona djelovanja.

Ako Jastvo želi uspješno isključiti tjelesne senzacije (koje također potiču stvaranje novih misli), ono mora staviti pod nadzor taj tok struje promjenom njegova smjera. To znači povlačenje struje iz živčanog sustava u cjelini prema sedam glavnih središta (uključujući i mozak) da bi se vanjskim i unutarnjim organima mogao pružiti savršen odmor.

Tijekom spavanja električna vodljivost između mozga i osjetilnih organa djelomično je zaustavljena pa uobičajeni doživljaji zvuka, dodira i ostalog ne stižu do mozga. Budući da električna vodljivost nije posve onemogućena, dovoljno jaki vanjski podražaj ponovno uspostavlja tok impulsa prema mozgu, što vodi do buđenja osobe. Ipak, tijekom spavanja uvijek postoji stalna električni struja prema unutarnjim organima (srce, pluća i dr.), tako da oni nastavljaju raditi.

Rezultat primjene znanstvenog pristupa je oslobađanje od tjelesnog i misaonog nemira

Tijekom spavanja nema potpunog nadzora nad životnim elektricitetom pa se tjelesni doživljaji neugode, bolesti ili snažni vanjski poticaji prenose do mozga. Međutim, znanstvenim pristupom koji ovdje ne može biti detaljno opisan, mi istodobno možemo kontrolirati djelovanje i rad vanjskih i unutarnjih organa na savršen način. Ovo je krajnji rezultat koji se postiže ovom tehnikom. Ali obično su potrebne godine da se postigne takva savršena kontrola.

Kao što su nakon spavanja (koje predstavlja odmor) vanjski osjetilni organi okrijepljeni, tako i znanstveni pristup omogućava odmor unutarnjim organima koji se pune novom životnom snagom. Tako njihovo osnaživanje produljuje život.

Kao što se ne bojimo što će dok spavamo naši osjetilni organi ostati neaktivni, isto tako ne trebamo se bojati izvoditi ovakvu „svjesnu smrt", odnosno odmarati unutarnje organe. Smrt će tada biti pod našom kontrolom. Jer čim pomislimo kako je ova tjelesna kuća nepodobna za stanovanje i oronula, moći ćemo je napustiti po svojoj volji. „Neprijatelj koji će posljednji biti uništen jest smrt."[*]

Sam postupak može se opisati na ovaj način: Ako je glavna telefonska centrala trajno povezana s raznim dijelovima grada, ljudi koji s tih mjesta telefoniraju uvijek mogu, čak i protiv volje mjerodavnih tijela iz glavne telefonske centrale, slati poruke središnjem uredu jer je aktivna žičana telefonska veza kojom mogu slati telefonske signale. Ako glavna centrala želi prekinuti komunikaciju s raznim ograncima, ona će isključiti glavni električni prekidač i tako zaustaviti slanje signala prema različitim gradskim četvrtima.

Slično tome, znanstveni pristup uči nas tehnici koja omogućava vraćanje životne struje natrag prema našoj *središnjici* (kralježnici i mozgu) iz organa i drugih dijelova našeg tijela. Tehnika se sastoji u magnetiziranju kralježnice i mozga u kojima se nalazi sedam glavnih središta, a očituje se tako što životni elektricitet počinje teći u suprotnom smjeru – od organa k izvorišnim središtima energije, pri čemu dolazi do iskustva doživljaja svjetlosti. U ovom stanju duhovno Jastvo

---

[*] 1 Kor 15:26.

može se svjesno osloboditi tjelesnih i misaonih uznemirenja. Može se reći kako duhovno Jastvo suprotno njegovoj želji uznemiravaju telefonski pozivi dvije vrste ljudi: gospode (misli) i nižih slojeva društva (tjelesnih osjetila). Kako bi prekinulo vezu s njima, sve što Jastvo treba jest isključiti struju iz telefonskih žica (metodom znanstvenog pristupa) i zatim uživati u olakšanju koje ono donosi.

Pozornost je glavni upravitelj i pokretač energije. Ona je djelatni uzrok toka elektriciteta životne struje iz mozga k osjetilnim i pokretačkim živcima. Na primjer, s pomoću pozornosti možemo otjerati dosadnu muhu tako što ćemo stvoriti željeni pokret ruke pokretanjem električnog impulsa kroz pokretačke živce. Upućujem vas na ovaj primjer kako biste stekli predodžbu o snazi kojom se tok elektriciteta našeg sustava može nadzirati i povući natrag unutar svojih sedam središta.

Ovih sedam zvjezdanih (astralnih) moždano-kralježničkih centara i misterij koji ih prati upravo su ono što se spominje u Bibliji, u knjizi Otkrivenja. Sveti Ivan „otpečatio" je skrivene prolaze prema sedam središta i kroz njih se uzdigao do istinskog shvaćanja sebe kao Duha. "Sad napiši što si vidio…što se tiče tajanstvenog značenja sedam zvijezda."[*]

Redovito izvođenje znanstvenog pristupa vodi do svijesti Blaženstva ili Boga

Na kraju želim opisati prirodu raznih stanja koja se javljaju kada *potpuno* nadziremo električni tok. Na početku je najuočljiviji iznimno opijajući osjećaj koji se javlja kao posljedica magnetiziranja kralježnice. Ali, neprekidnim i dugim radom može se ovladati svjesnim Blaženstvom koje će nam poništiti sva naša stanja uzbuđenosti izazvana tjelesnom sviješću.

---

[*] Otk 1:19,20.

Ovo blaženo stanje naš je univerzalni cilj i najviša potreba jer smo samo u tom stanju istinski svjesni Boga ili Blaženstva te osjećamo širenje našega istinskog Jastva. Što češće iskušavamo to stanje, to više naša ograničena osobnost gubi na snazi i brže dosežemo stanje univerzalnosti, a naš dodir s Bogom je bliskiji i neposredniji.

Doista, religija nije ništa drugo do utapanja naše osobnosti unutar Univerzalnog. Stoga, dok je naša svijest u tom blaženom stanju, mi se uzdižemo stepenicama religije. Napuštamo onečišćenu atmosferu osjetila i lutajućih misli i stižemo u područje nebeskoga Blaženstva.

Na ovaj način učimo univerzalnu istinu: *kada neprekidnim radom i djelovanjem osvijestimo ovo blaženo stanje duhovnog Jastva, mi se uvijek nađemo u svetoj prisutnosti blaženoga Boga u nama.* Tada svoje dužnosti bolje izvršavamo jer nam je pozornost više usmjerena na samu dužnost, a ne na naš egoizam i svijest o ugodi ili boli koji iz toga djelovanja proistječu. Tada možemo riješiti svu tajnu postojanja i shvatiti istinski smisao života.

Učenja svih religija, bez obzira na to radi li se o kršćanstvu, islamu ili hinduizmu, posebno ističu jednu istinu: *sve dok čovjek ne spozna sebe kao Duha, izvor svega Blaženstva, on je ograničen ovozemaljskim stavovima i razmišljanjima te podložan neumoljivim zakonima prirode.* Tek mu spoznaja vlastita istinskog bića (Jastva) donosi vječnu slobodu.

Boga možemo spoznati jedino upoznavši sebe same jer naša je priroda slična Njegovoj. Čovjek je stvoren na sliku Boga. Ako se ovdje predložene tehnike nauče i ozbiljno primjenjuju, spoznat ćete da ste vi blaženi Duh i na taj način ćete spoznati Boga.

Tehnike koje su predstavljene u ovoj knjizi obuhvaćaju sve moguće načine praktične spoznaje Boga. Izostavljena su mnogobrojna posebna pravila i postupci koji su specifični za takozvane različite religije jer su ta pravila i postupci više plod misaonog sklopa pojedinca pa time i manje važni, ali

Jedno od prvih okupljanja pod vodstvom Paramahanse
Yoganade održanom na prostoru Međunarodnog središta
SRF-a u Los Angelesu 1925. godine.

Međunarodno središte Self-Realization Fellowshipa.

nipošto i nepotrebni. Ovom spomenutom nije potrebno pridavati posebnu pozornost u knjizi ovako malog sadržaja jer se tijekom izvođenja ovih tehnika primjenjuju i razne druge vježbe.

Znanstveni pristup radi izravno sa životnom silom

Nadmoć ove tehnike u odnosu na druge leži u činjenici da ona djeluje izravno na *životnu silu* koja neposredno utječe na našu vezanost za ograničenu osobnost. Umjesto da se usmjeri prema unutra i upije unutar široke samosvjesne sile Jastva, životna sila obično teče prema van održavajući tijelo i um uvijek u pokretu, što uznemirava duhovno Jastvo putem tjelesnih opažanja i promjenljivih misli.

Kretanje životne sile prema van uzrokuje osjete i misli koji remete mirnu sliku Jastva ili Duše. Ova nas tehnika uči kako životnu silu preusmjeriti prema unutra. Stoga je ta tehnika *izravna i neposredna*. Vodi nas izravnim putem do svijesti o Jastvu, Blaženstvu i Bogu. Ona kao takva ne treba posredništvo ni pomoć.

Ova tehnika kontrolira i usmjerava životnu silu na način da je sama životna sila uključena u proces nadzora i usmjeravanja. Druge tehnike služe se intelektom ili misaonim postupkom za nadzor životne sile u svrhu postizanja buđenja svijesti istinskoga Jastva ili Blaženstva.

Treba spomenuti kako svi religijski pristupi, izravno ili neizravno, prešutno ili izričito, daju smjernice za kontrolu, upravljanje i okretanje toka životne sile kako bismo mogli nadrasti tijelo i um te spoznati vlastito Jastvo u prirodnom stanju. Ovdje spomenuti četvrti pristup izravno nadzire životnu silu s pomoću nje same dok ostale tehnike to čine indirektno, posredstvom nečega drugog: misli, molitve, činjenjem dobrih djela, bogoštovljem ili „svjesnim snom".

Prisutnost života u čovjeku predstavlja postojanje, a odsutnost života je smrt. Prema tome, tehniku koja nas uči kako neposredno nadzirati životnu silu, sam izvor života s pomoću nje same možemo smatrati najboljom od svih.

Učitelji raznih vremena i podneblja preporučivali su vježbe prilagođene misaonom sklopu i načinu života ljudi među kojima su živjeli i propovijedali. Neki su isticali molitvu, drugi osjećaje, neki dobra djela, drugi pak razum i misao, neki meditaciju. Ali svi su oni imali isti motiv.

Smatrali su da treba prevladati usmjerenost svijesti na tijelo preusmjeravanjem životne sile prema nutrini te da treba ostvariti svijest našega istinskoga Jastva poput slike sunca na površini mirne vode bez ijednog vala. Nastojali su upozoriti upravo na ono što četvrti pristup uči izravno i neposredno.

Istodobno, treba reći kako izvođenje ove tehnike ne sprječava usavršavanje intelekta, održavanje tjelesne spremnosti i vođenje društveno korisnog života – života prožetog najplemenitijim osjećanjima, motivima i nesebičnim radom. Ovakav *svestrani* trening trebalo bi, u stvari, „propisati" svima. Sigurno je kako će to prije pomoći, nego što će zaustaviti ili usporiti provođenje ovih vježbi. Jedino što se zahtijeva jest usmjerenost na konačnu svrhu. Tada će sva djelovanja i cjelokupan rad ići čovjeku u korist.

Temelj ovog djelovanja je razumijevanje važnosti životne sile za održavanje ljudskog organizma zahvaljujući kojoj tijelo vibrira životom i energijom.

Načini spoznaje i teorijska valjanost religijskih pristupa

U prijašnjim poglavljima bavili smo se univerzalnošću i nužnosti religijskog ideala (uvijek postojeće, uvijek svjesno Blaženstvo ili Bog) i praktičnim načinima kojima taj ideal može biti ostvaren. Slijedi rasprava o valjanosti tih pristupa.

Ti su pristupi ponajprije usmjereni na praksu i ako ih se slijedi, oni svakako vode do postizanja ideala bez obzira na to proučavamo li teorijski dio ili ne. Njihovu valjanost potvrđuju sami rezultati koji su opipljivi i stvarni.

Treba biti jasno da nije nužno pokazati teorijsku utemeljenost. Ipak, kako bismo zadovoljili druge, pozabavit ćemo se *a priori* valjanošću teorija spoznaje na kojima se ovi pristupi temelje i da pokažemo njihovu teorijsku utemeljenost.

To će nas dovesti do epistemiološkog pitanja: Kako i do koje mjere možemo spoznati ideal, samu istinu? Da bismo ukazali na način spoznaje ideala, moramo razmotriti način na koji spoznajemo svijet oko sebe. Moramo razmotriti proces spoznavanja svijeta. Zatim ćemo ustanoviti je li proces spoznaje svijeta identičan procesu spoznaje ideala te je li stvarni svijet odvojen od ideala ili pak ovo drugo prožima ono prvo – a samo su im procesi spoznaje različiti.

Prije svega razmotrimo načine spoznaje putem kojih možemo pojmiti svijet oko sebe. Postoje tri sredstva ili načina spoznaje: zamjećivanje, zaključivanje i intuicija.

TRI NAČINA SPOZNAJE

1. Zamjećivanje

Naša su osjetila na neki način prozori kroz koje vanjski podražaji ulaze i utječu na um koji pasivno prima te dojmove. Ako je um isključen, nijedan vanjski podražaj koji ulazi kroz prozore osjetila ne može stvoriti nikakav dojam.

Um, osim što predstavlja poveznicu s podražajima što ih primaju razna osjetila, također skladišti njihove utjecaje u obliku dojmova. Ipak, ti dojmovi ostaju nejasni i nepovezani sve dok ih ne obradi naša sposobnost rasuđivanja *(buddhi)*. Tek tada se uspostavlja pogodna veza koja dovodi do toga da se pojedinosti vanjskoga svijeta prepoznaju kao takve. One se prenose i prepoznaju u oblicima vremena i prostora, stvarajući prikladne asocijacije vezane uz količinu, kakvoću, mjeru i značenje. Kuća se tada prepoznaje kao kuća, a ne kao zgrada pošte. Ovo je rezultat djelovanja intelekta *(buddhi)*.

Mi možemo vidjeti neki predmet, osjetiti ga, čuti njegov zvuk ako ga udarimo, pri čemu naš um prima ove doživljaje i pohranjuje ih. *Buddhi* ih zatim tumači i na neki način prikazuje u obliku kuće s njezinim različitim dijelovima – veličinom, bojom, oblikom, izgledom te u odnosu na druge kuće iz sadašnjosti, prošlosti ili budućnosti – u vremenu i prostoru. Ovo je način na koji se spoznaje svijet.

Kod umno poremećene osobe doživljaji su pohranjeni u umu, ali su u kaosu. Intelekt ih ne uspijeva razvrstati i pretvoriti u pravilno uređene skupine.

Postavlja se pitanje: može li se Stvarnost (ideal, vječno svjesno, vječno postojeće Blaženstvo – Bog) spoznati ovom vrstom uočavanja? Je li postupak spoznaje svijeta zamjećivanjem primjenljiv u slučaju spoznaje najviše istine?

Poznato je da intelekt može raditi samo s onim što dobiva od osjetila. Osjetila nam pružaju samo podražaje za nastanak predodžbi o kakvoći i raznovrsnosti. Uz osjetila i intelekt se bavi raznovrsnošću i ostaje u području koje podrazumijeva raznovrsnost. On može razmišljati o „jedinstvu u različitosti", ali intelekt ne može biti jedno s tim. To je njegov nedostatak. Intelektualno shvaćanje ne može dokučiti istinsku prirodu jedne univerzalne Tvari koja je u osnovi raznovrsnih očitovanja.

Razum sam sebi izriče presudu. Kada se *buddhi* osvrne

prema samom sebi kako bi procijenio koliko je sposoban spoznati Stvarnost kroz tumačenje dojmova proisteklih iz doživljaja osjetila, on uviđa svoju sputanost unutar svijeta osjetila jer ne postoji pukotina kroz koju bi mogao proviriti u nadosjetilni svijet.

Netko bi mogao reći da zbog jaza između osjetilnog i nadosjetilonog svijeta razum nije moguće uvjeriti u mogućnost spoznaje nadosjetilnog. Za takve, stajalište kako se nadosjetilno očituje u osjetilnom i putem njega znači da je spoznajom osjetilnoga – s pomoću intelekta – moguće spoznati i nadosjetilno kao očitovanje „jedinstva u različitosti".

Može se, međutim, postaviti pitanje: kakva je priroda ovakve „spoznaje"? Nije li to samo ideja koja se rađa u mozgu? Ili je *viđenje* istine (jedinstva u različitosti) licem u lice, neposredno i izravno? Donosi li ovaj oblik spoznaje isto uvjerenje koje nosi i stvarno jedinstvo s istinom? Ne, sigurno ne, jer je ova spoznaja nepotpuna i pogrešna. Ona je nalik na gledanje kroz obojene naočale. Nadosjetilni svijet leži dalje od toga. Ovo su dakle *a priori* razlozi koji ne idu u prilog zamjećivanju kao sredstvu spoznaje Stvarnosti ili Boga.

Iskustvo dubokog mira također nam govori da ne možemo dosegnuti ovo stanje Blaženstva koje je Stvarnost i sam ideal kojemu težimo (što je izloženo u prijašnjim poglavljima) sve dok u dovoljnoj mjeri ne nadrastemo svako stanje nemira koje prati bilo koji način zamjećivanja. Što više ostavljamo za sobom uznemirujuća osjetilna zamjećivanja i unutarnje misli koje ih slijede, to je veća mogućnost ostvarenja nadsvjesnog stanja Blaženstva ili Blaženstva–Boga.

Čini se da se u svakodnevnom iskustvu uobičajeno zamjećivanje i Blaženstvo međusobno isključuju. S obzirom na to da se nijedan od izloženih pristupa ne temelji na običnom zamjećivanju, nemogućnost spoznaje Stvarnosti putem zamjećivanja i nije važna.

2. Zaključivanje

Ovo je još jedan način spoznaje svijeta. Međutim zaključivanje se zasniva na iskustvu – na zamjećivanju – bez obzira na to radi li se o dedukciji ili indukciji. Iskustvo nas uči: gdje god ima dima, ima i vatre. Zato, gdje god vidimo dim, zaključujemo da ima i vatre. To je deduktivno zaključivanje. Međutim, ovakvo zaključivanje moguće je zbog prethodnog iskustva (zamjećivanja) pojave dima zajedno s vatrom. Kod zaključivanja putem indukcije isto tako se oslanjamo na zamjećivanje.

Kažemo da je određena vrsta bakterije uzročnik kolere. Otkrivamo uzročnu povezanost između bakterije i kolere te odmah induktivno zaključujemo da gdje god se pojavi ova bakterija, to znači i prisutnost kolere. Ovdje činimo prijelaz s poznatih slučajeva kolere prema još nepoznatima pa ipak ovakvim zaključivanjem ne dobivamo nijednu novu činjenicu, premda ti slučajevi mogu biti novi. Sama mogućnost utvrđivanja uzročne povezanosti između određenih vrsta bakterija i kolere ovisila je od opažanja (zamjećivanja) posebnih slučajeva.

Prema tome zaključivanje se u konačnici temelji na zamjećivanju . Iz slučajeva do kojih smo došli zaključivanjem ne dobivamo nikakvu novu istinu – ništa što bi uistinu bilo novo, a što se već nije otkrilo u uočenim slučajevima. U prethodno zamijećenim slučajevima bakterije prati kolera. U izvedenim slučajevima također bakterije vode do pojave kolere. Ne postoji *nova* istina, iako su slučajevi novi.

Bez obzira na to koje oblike mišljenja, prosuđivanja, zaključivanja ili zamisli primjenjujemo, još se ne susrećemo licem u lice sa Stvarnošću. Razum i mišljenje mogu posložiti činjenice samog iskustva, mogu i sagledati stvari u cjelini, mogu pokušati proniknuti u tajnu svijeta. Međutim, sav njihov napor ometaju upravo podaci koje obrađuju – činjenice dobivene iskustvom i osjetilni dojmovi. To su gole, nepobitne činjenice, nepovezane, i ograničene našim sposobnostima zamjećivanja. One, u stvari, više ometaju misaone procese koji se neprekidno događaju, nego što im pomažu.

Prvi religijski pristup, kao što smo već pokazali, temelji se na intelektu koji upotrebljava misaoni proces kako bi spoznao Stvarnost – stanje Blaženstva i ostvarenje mira. Međutim, ovo mu ne uspijeva. Tjelesna zamjećivanja nas ometaju. Proces mišljenja koji obrađuje različite, nemirne osjetilne dojmove ne dopušta nam da ostanemo dulje vrijeme koncentrirani. Stoga ne uspijevamo postići svijest jedinstva u različitosti. Dobro obilježje intelektualnog pristupa je u tome što pri upijanju iskustva, u svijetu misli, do određene mjere transcendiramo sve tjelesne osjete. Međutim, to je uvijek privremeno.

U ostala dva pristupa – predanosti i meditacije – misaoni proces je manje prisutan, ali ipak postoji. Kroz pristup predanosti (odnosno, kroz sam ritual ili obred bogoštovlja, u zajedničkoj ili osobnoj molitvi) uključeni su mnogi procesi mišljenja za pripremu pogodnih uvjeta. Ipak, postoji pokušaj koncentracije na određeni predmet obožavanja ili molitve.

Pristup predanosti je to uspješniji što se više uspijeva spriječiti raznolikost misli ili ih staviti pod nadzor. Nedostatak se očituje u ovome: zbog loše navike koja se s godinama ukorijenila, naša koncentracija nije duboka i zato ostavlja mogućnost nastajanja raznih misli i pri najmanjoj smetnji.

Kroz pristup meditacije (pri kojem se vanjske formalnosti, konvencije i obredi ostavljaju po strani, čime se uspješnije sprječava mogućnost nastajanja misli u odnosu na pristup predanosti) koncentracija je usmjerena na samo jedan predmet misli. Tada se postupno javlja težnja za napuštanjem područja misli i za prelaskom na razinu intuicije, koju ćemo sljedeću razmotriti.

3. Intuicija

Do sada smo proučili načine i postupke spoznaje osjetilnog svijeta. Intuicija, kojom se sada bavimo, proces je putem kojeg spoznajemo nadosjetilni svijet, svijet koji nadilazi osjetila i misli. Istina je da se nadosjetilno izražava kroz osjetila i da potpuna spoznaja osjetilnog zahtijeva sposobnost spoznaje nadosjetilnog, ali postupci njihove spoznaje su različiti.

Postavlja se pitanje: jesmo li sposobni spoznati čak i osjetilni svijet u potpunosti isključivo putem zamjećivanja i mišljenja? Sigurno ne. U prirodi i u našem vlastitom organizmu postoji još beskonačan broj činjenica, stvari, zakona i povezanosti koje su i dalje nepoznate čovječanstvu. Tim manje ćemo putem zamjećivanja i mišljenja biti sposobni spoznati nadosjetilno.

Intuicija dolazi iznutra, misao dolazi izvana. Intuicija nam pruža izravan uvid u Stvarnost dok misao pruža posredno viđenje Stvarnosti. Intuicija kroz neku čudnu usklađenost vidi Stvarnost u njezinoj potpunosti, a misao ju sjecka na komadiće.

Svaki čovjek posjeduje moć intuicije kao što posjeduje i moć razmišljanja. Isto kao što može poboljšati mišljenje, tako može razviti i intuiciju. Putem intuicije smo usklađeni sa Stvarnošću – sa svijetom Blaženstva, s „jedinstvom u različitosti", s unutarnjim zakonima koji vladaju duhovnim svijetom, s Bogom.

Na koji način znamo da postojimo? Kroz osjetilno zamjećivanje? Nagovješćuju li nam najprije osjetila da postojimo, a zatim se javlja svijest o postojanju? To sigurno nije slučaj jer sâm pokušaj da nam osjetila omoguće spoznaju o postojanju nužno pretpostavlja *svijest o postojanju*. Osjetilo ne može posjedovati svjesnu pozornost ni o čemu, a da prije toga ne znamo da postojimo tijekom samog procesa osjetilnog zamjećivanja.

Daju li nam zaključivanje i mišljenje naznaku o našem postojanju? Sigurno ne. Razlog je taj što misao djeluje s osjetilnim dojmovima koji nam, kako smo upravo vidjeli, ne mogu služiti kao dokaz o postojanju jer im prethodi osjećaj da postojimo. Kada, uspoređujući sebe s vanjskim svijetom, nastojimo misliti ili zaključivati da postojimo unutar njega, svijest o postojanju je već prisutna u samom činu mišljenja i zaključivanja.

Ako nam dakle osjećaji i misli nisu stvarni svjedoci, kako onda znamo da postojimo? To možemo spoznati jedino intuicijom. Ovakva spoznaja jedan je od *oblika* intuicije. Ona je iznad osjeta i misli jer upravo nam ona omogućava njihovo pojavljivanje.

Intuiciju je teško opisati jer je ona bliska svima nama. Svi je osjećamo. Nije li nam poznata svijest o postojanju? Svatko to zna. Ona je suviše poznata da bismo ju opisivali. Pitajte nekoga na koji način zna da postoji – ostat će bez teksta. Čovjek to zna, ali ne može to opisati. Može pokušati objasniti, ali njegovo objašnjenje neće otkriti što osjeća u sebi. Ovo je odlika intuicije kroz sve njezine oblike.

Četvrti, religijski pristup, objašnjen u prethodnom poglavlju, zasniva se na intuiciji. Što se ozbiljnije bavimo njome, naše će viđenje Stvarnosti-Boga biti potpunije i sigurnije.

Intuicijom čovječanstvo doseže Božanskost. Osjetilno se povezuje s nadosjetilnim te je kroz njega moguće *uvidjeti* kako se nadosjetilno izražava u osjetilnom. Utjecaj osjetila iščezava. Nametljive misli nestaju. Spoznaje se Blaženstvo-Bog. Postaje nam jasno kako je „sve u Jednom i Jedno u svemu". Ovakvu intuiciju posjedovali su svi veliki učitelji i proroci svijeta.

Kako je objašnjeno u četvrtom dijelu ove knjige, i treći pristup, pristup putem meditacije, ako se ispravno primjenjuje vodi nas također u područje intuicije. On je svojevrsna zaobilaznica jer da bi se postigla intuitivna spoznaja obično je potrebno duže vrijeme.

Bog se intuicijom može spoznati u svim Njegovim oblicima

Prema tome, intuicijom je moguće spoznati Boga u svim Njegovim oblicima. Mi ne posjedujemo osjet koji bi nam otkrio spoznaju o Njemu. Osjeti jedino pružaju spoznaju o Njegovim očitovanjima. Nijedna misao ili zaključak ne mogu nam omogućiti spoznaju Njega, kakav je On u stvari, jer mislima ne možemo nadrasti poruke osjetila. Misao može dojmove koje prima od osjetila jedino razvrstati i objasniti.

Osjetila kao ni misli (koje ovise o njima) ne mogu nas odvesti do Boga. Da bismo spoznali Boga kao Blaženstvo, a i u svim drugim Njegovim očitovanjima, trebamo se okrenuti intuiciji.

Međutim, kada je u pitanju ostvarenje istine, mnoge nam prepreke stoje na putu intuitivnog uvida. Ovo su neke od njih: bolest, misaona nesposobnost, sumnja, lijenost, usmjerenost k svjetovnom, pogrešne ideje i nepostojanost.

Ove osobine mogu biti prirođene ili izazvane te pojačane u dodiru s drugim osobinama. Naša prirođena nagnuća (*samskare*) prema određenim slabostima, mogu se prevladati naporom snažne volje (*purushakara*). Koristeći snagu volje možemo prevladati sve svoje slabosti. Uz ispravan napor i uz druženje s dobrim ljudima, Božjim poklonicima, mi možemo iskorijeniti loše navike i stvoriti dobre. Sve dok ne dođemo u dodir s onima koji su vidjeli, osjetili i ostvarili istinsku religiju u svojim životima, mi ne možemo imati pravu spoznaju iste niti shvatiti u čemu je njezina univerzalnost i nužnost.

Ispitivački duh postoji u svakome. Svatko na svijetu traga za istinom. Ona je čovjekovo besmrtno naslijeđe koje on traži, bilo slijepo ili mudro, sve dok je u potpunosti ne spozna. Nikada nije kasno za ovo. „Tražite, i naći ćete – kucajte i otvorit će vam se!"*

---

* Mt 7:7.

O autoru

„Ideal ljubavi prema Bogu i služenja čovječanstvu našao je svoj puni izražaj u životu Paramahanse Yoganande... Iako je veći dio života proveo izvan Indije, on se s pravom svrstava među naše velike svece. Njegov rad nastavlja rasti i sjati sve jasnije privlačeći ljude odasvud na stazu hodočašća Duha.

- Iz prigodna teksta Vlade Indije u povodu izdavanja počasne poštanske marke na dvadeset i petu godišnjicu *mahasamadhija* Paramahanse Yoganande

Paramahansa Yogananda rodio se pod imenom Mukunda Lal Ghosh, 5. siječnja, 1893. godine u sjevernoindijskom gradu Gorakhpuru u podnožju Himalaje. Još od najranijih dana bilo je jasno kako je njegov život predodređen božanskom sudbinom. Prema pričama njegovih najbližih, još kao dijete očitovao je dubinu svijesti i duhovno iskustvo koje je bilo daleko iznad uobičajenog. Kao mladić tragao je za mnogim indijskim mudracima i svecima u nadi da će pronaći prosvijetljenog učitelja koji će ga voditi na njegovu duhovnom putu.

U dobi od sedamnaest godina 1910. godine, susreo je duboko poštovanog Swamija Sri Yukteswara i postao njegov učenik. U blizini ovoga velikog učitelja joge proveo je veći dio idućih deset godina i dobio od njega strogo, ali ljubavlju ispunjeno duhovno poučavanje. Nakon što je 1915. godine diplomirao na Sveučilištu u Kalkuti zaređen je kao svećenik poštovanoga indijskog Reda Swamija. Tom prilikom dobio je ime Yogananda (koje označava Blaženstvo, *ananda*, kroz božansko sjedinjenje, *yoga*).

Sri Yogananda je 1917. godine počeo svoje životno djelo osnivanjem škole za dječake utemeljene na načelu „kako

živjeti" u kojoj se moderno obrazovanje nadopunjuje vježba-
njem joge i njegovanjem duhovnih ideala. Tri godine poslije
pozvan je kao predstavnik Indije na Međunarodni kongres
vjerskih liberala koji se održavao u Bostonu. Njegovo preda-
vanje na Kongresu pod naslovom *Znanosti o religiji* srdačno
je prihvaćeno.

Idućih nekoliko godina držao je predavanja i poučavao
na istočnoj obali SAD-a, a 1924. počeo je niz predavanja
diljem kontinenta. U Los Angelesu je u siječnju 1925. godine
počeo niz predavanja i lekcija. Kao i na drugim mjestima,
njegovi su govori dočekani sa zanimanjem i općim odobrava-
njem. *Los Angeles Times* je izvijestio: "Dvorana filharmonije
pružala je nevjerojatan prizor – okupilo se nekoliko tisuća
ljudi... Jedan sat prije početka predavanja dvorana s tri tisuće
mjesta bila je ispunjena do posljednjeg sjedala.".

Kasnije te godine Sri Yogananda je u Los Angelesu osno-
vao međunarodnu središnjicu Self-Realization Fellowshipa,
društva koje je bio osnovao 1920. godine, kako bi širio svoja
učenja o drevnoj znanosti i filozofiji joge te njezinim od pam-
tivijeka cijenjenim metodama meditacije.*

Tijekom sljedećeg desetljeća mnogo je putovao, držeći
govore u većim gradovima diljem zemlje. Među onima koji
su postali njegovi učenici velik je broj istaknutih pojedinaca
iz svijeta znanosti, poslovanja i umjetnosti, uključujući i hor-
tikulturalista Luthera Burbanka, sopranisticu Metropolitan
Opere Amelitu Galli-Curci, Margaret Wilson, kći predsjed-
nika Woodrowa Wilsona, pjesnika Edwina Markhama i

---

* Posebna tehnika meditacije i načina sjedinjenja s Bogom koju je poučavao
Paramahansa Yogananda poznata je kao *Kriya joga,* sveta duhovna znanost
ponikla iz Indije prije više tisuća godina. Sri Yoganandina knjiga *Autobiografija
jednog jogija* daje općeniti uvod u filozofiju i metode *Kriya joge.* Detaljna
pouka ovih tehnika dostupna je studentima putem njegovih *Lekcija Self-
Realization Fellowshipa.*

dirigenta Simfonijskog orkestra Leopolda Stokowskog. Nakon osamnaestomjesečnog putovanja po Europi i Indiji, od 1935.-1936. godine, postupno je prestajao održavati javna predavanja kako bi se posvetio trajnoj izgradnji temelja svoga djelovanja u cijelom svijetu te pisanju knjiga koje će biti njegova duhovna ostavština budućim naraštajima. Njegova životna priča *Autobiografija jednog jogija* objavljena je 1946. godine. Od tada se neprekidno objavljuje i prevedena je na mnoge jezike stekavši tako ugled modernog klasika duhovne literature.

Danas se duhovni i humanitarni rad koji je započeo Paramahansa Yogananda nastavlja pod vodstvom brata Chidanande koji je predsjednik društva Self-Realization Fellowship/Yogoda Sastasnga Society of India*. Ovo društvo se bavi objavljivanjem knjiga Paramahanse Yoganande, njegovih predavanja, članaka i neslužbenih govora, uključujući opsežan niz *Lekcija Self-Realization Fellowshipa* za učenje kod kuće. Ova udruga pruža pomoć članovima u praktičnom učenju tehnika Sri Yoganandina učenja, brine se o hramovima, duhovnim školama i centrima za meditaciju diljem svijeta kao i redovničkim zajednicama Self-Realization Fellowshipa te usklađuje rad Svjetskoga molitvenog kruga koji služi kao kanal pomoći kroz energiju isceljenja ljudima s fizičkim, psihičkim i duhovnim problemima te postizanju većega sklada među narodima.

Nakon smrti 1952. godine Paramahansa Yogananda je postao priznat kao jedan od istinskih duhovnih velikana dvadesetog stoljeća. Svojim univerzalnim učenjem i životnim primjerom pomogao je ljudima svih rasa, kultura i vjeroispovijesti kako bi kroz svoje živote u svoj punini spoznali ljepotu i plemenitost ljudske duše. U osvrtu na Sri Yoganandin život i

---

* U Indiji se učenje Paramahanse Yoganande provodi u sklopu Yogoda Satsanga Society.

rad dr. Quincy Howe Jr., bivši profesor komparativne religije na Scripps koledžu, napisao je: „Paramahansa Yogananda nije donio na Zapad samo vječno obećanje spoznaje Boga već i praktičnu metodu s pomoću koje duhovni tragatelji iz svih slojeva društva, neovisno o svom zvanju, mogu brzo napredovati prema tom cilju. Indijska duhovna baština, koja je na Zapadu pobudila zanimanje najprije na uzvišenoj i apstraktnoj razini samo probranih krugova, sada je dostupna kao praktično iskustvo svima koji teže izravnoj spoznaji Boga i to ne na drugom svijetu, već ovdje i sada... Yogananda je uzvišene metode kontemplacije učinio dostupnima svima."

PARAMAHANSA YOGANANDA:
JOGI U ŽIVOTU I SMRTI

Paramahansa Yogananda ušao je u *mahasamadhi* (jogijevo konačno svjesno napuštanje tijela) u Los Angelesu, Kalifornija, 7. ožujka 1952. nakon što je održao govor na prijmu u čast indijskoga veleposlanika u SAD-u H. E. Binaya R. Sena. Taj veliki svjetski učitelj pokazao je vrijednost joge (znanstvene tehnike spoznaje Boga) ne samo u životu nego i nakon smrti. Naime, tjednima nakon što je umro njegovo nepromijenjeno lice sjalo je božanskim sjajem neprolaznosti.

Gospodin Harry T. Rowe, upravitelj mrtvačnice u Forrest Lawn Memorial Parku u Los Angelesu (u kojoj je tijelo velikog učitelja privremeno bilo smješteno), poslao je službeni dopis Self-Realization Fellowshipu u kojem među ostalim stoji:

„Odsutnost bilo kakvih vidljivih tragova raspadanja na mrtvom tijelu Paramahanse Yogananda predstavlja jedinstven slučaj u našoj praksi… Ni dvadeset dana nakon smrti na tijelu nije bilo moguće vidjeti tragove raspadanja… Na koži nije bilo vidljivih tragova plijesni kao ni pojave sušenja tjelesnih tkiva. Ovakva potpuna očuvanost tijela je, koliko nam je poznato iz arhiva mrtvačnice, nešto još nezabilježeno… Kada je stigao lijes s Yoganandinim tijelom, osoblje mrtvačnice očekivalo je kako će kroz stakleni pokrov vidjeti uobičajene znakove tjelesnoga raspadanja. Naše zaprepaštenje je raslo iz dana u dan jer nismo mogli vidjeti nikakve promjene na truplu. Yoganandino mrtvo tijelo bilo je u stanju nevjerojatne nepromjenjlivosti…

Iz njegova tijela ni u jednom trenutku nije bilo moguće osjetiti zadah raspadanja… Yoganandino je tijelo 27. ožujka, kada je lijes zatvoren brončanim poklopcem, izgledalo posve jednako kao i 7. ožujka, one noći kada je umro. Na dan 27. ožujka nije bilo moguće reći da je njegovo tijelo doživjelo ikakve vidljive tragove raspadanja. Stoga ponovno ističemo: slučaj Paramahanse Yogananda jedinstven je u našoj praksi."

DODATNI IZVORI
O UČENJU KRIYA YOGE
PARAMAHANSE YOGANANDE

Self-Realization Fellowship predan je besplatnom poma-
ganju svim duhovnim tragateljima diljem svijeta. Informacije
o našem godišnjem rasporedu javnih predavanja i tečajeva,
meditacijskim službama i službama nadahnuća koje se odr-
žavaju u našim hramovima i centrima širom svijeta, popisu
duhovnih boravišta na osami te o drugim djelatnostima do-
stupne su putem naše internetske stranice ili pisanim putem
na adresi:

www.yogananda.org

Self-Realization Fellowship
3880 San Rafael Avenue
Los Angeles, CA 90065-3219
Tel. +1(323) 225-2471

LEKCIJE
SELF-REALIZATION FELLOWSHIPA

Osobno vodstvo i upute Paramahanse Yoganande o tehnikama joga meditacije i načelima duhovnog života

Ako su vas privukle duhovne istine opisane u knjizi *Znanost religije*, pozivamo vas da se pretplatite na *Lekcije Self-Realization Fellowshipa*. Paramahansa Yogananda osmislio je taj skup lekcija za učenje kod kuće kako bi istinskim tragateljima pružio mogućnost da nauče i vježbaju tehnike drevne znanosti joga meditacije koje se spominju u ovoj knjizi – uključujući i tehniku znanosti *Kriya joge*. U tim lekcijama sadržane su i njegove praktične upute glede postizanja uravnotežena fizičkog, mentalnog i duhovnog života.

Lekcije Self-Realization Fellowshipa moguće je nabaviti po cijeni koja pokriva troškove tiskanja i slanja poštom. Svim studentima pritom je na raspolaganju besplatno osobno vodstvo redovnika i redovnica Self-Realization Fellowshipa u izvođenju tih tehnika.

Dodatne informacije (obavijesti)...
Pozivamo vas da posjetite internetske stranice *www.srflessons.org* na kojima možete zatražiti besplatni sažetak sadržaja Lekcija.

CILJEVI I IDEALI
UDRUGE
SELF-REALIZATION FELLOWSHIP

Kako su ih iznijeli Paramahansa Yogananda, utemeljitelj
brat Chidananda, predsjednik

Širiti među narodima znanje o točno definiranim znanstvenim tehnikama za postizanje izravnog, osobnog iskustva Boga.

Naučavati kako je svrha čovjekova života evolucija putem vlastita napora kako bi ograničena ljudska svijest napredovala do božanske Svijesti. U skladu s tim osnivati diljem svijeta hramove Self-Realization Fellowshipa za stupanje u dodir s Bogom te poticati uspostavljanje pojedinačnih Božjih hramova u domovima i srcima ljudi.

Otkriti potpun sklad i temeljno jedinstvo izvornog kršćanstva kako ga je naučavao Isus Krist i originalne joge kako ju je naučavao Bhagavan Krišna. Pokazati kako su ta načela istine zajednički znanstveni temelj svih istinskih religija.

Isticati jedan božanski put do kojeg u konačnici vode staze svih istinskih vjerskih uvjerenja, a to je put svakodnevne posvećene meditacije o Bogu.

Oslobađanje čovjeka od trostruke patnje: tjelesne bolesti, mentalnog nesklada i duhovnog neznanja.

Poticati „ jednostavan život i uzvišeno razmišljanje". Širiti duh bratstva među svim ljudima učenjem o vječnom temelju njihova jedinstva – srodstvu s Bogom.

Pokazati nadmoć uma nad tijelom i duše nad umom.

Pobijediti zlo dobrim, tugu radošću, grubost nježnošću, neznanje mudrošću.

Ujediniti znanost i religiju shvaćanjem jedinstva njihovih zajedničkih temeljnih načela.

Zagovarati kulturno i duhovno razumijevanje Istoka i Zapada te razmjenu njihovih najistaknutijih obilježja.

Služiti čovječanstvu kao vlastitom višem Jastvu.

AUTOBIOGRAFIJA JEDNOG JOGIJA

Ova proslavljena autobiografija predstavlja očaravajući portret jednog od duhovnih velikana našega doba. Paramahansa Yogananda nam s opčinjavajućom neposrednošću, izvanrednom jasnoćom i pronicljivošću pripovijeda nadahnjujuću kroniku svoga života – iskustva njegova zanimljivog djetinjstva, susrete s mnogim svecima i mudracima tijekom mladenačke potrage duž čitave Indije za prosvijetljenim učiteljem, desetogodišnje školovanje u duhovnoj školi cijenjenoga učitelja joge te trideset godina provedenih u Americi. U knjizi su i zapisi njegovih susreta s Mahatmom Gandhijem, Rabindranathom Tagoreom, Lutherom Burbankom, katoličkom stigmatičarkom Theresom Neumann te drugim slavnim duhovnim osobama Istoka i Zapada.

Autobiografija jednog jogija je istodobno prelijepo napisana priča o jednom iznimnom životu te dubok uvod u drevnu znanost joge koja u sebi sadrži od davnina štovanu praksu meditacije. Autor nam jasno objašnjava tanahne, ali vrlo određene zakone koji jednako djeluju u pozadini svakodnevnoga života kao i izvanrednih događaja koje nazivamo čudima. Njegova očaravajuća životna priča tako postaje polazište za dubok i nezaboravan pogled u krajnje tajne ljudskoga postojanja.

Knjiga se danas smatra klasikom duhovne književnosti i prevedena je na više od pedeset jezika, a predmet je proučavanja i na sveučilištima. Neprolazni bestseler još od svoga prvog objavljivanja prije više od sedamdeset godina, *Autobiografija jednog jogija* našla je svoj put do srca milijuna čitatelja diljem svijeta.

„Iznimni prikaz." - **THE NEW YORK TIMES**

„Dojmljiva i jasno iznesena studija." – **NEWSWEEK**

„Ništa što je dosad objavljeno na engleskom ili bilo kojem drugom jeziku ne može se usporediti s onim što o jogi piše u ovoj knjizi." – **COLUMBIA UNIVERSITY PRESS**

KNJIGE NA ENGLESKOM
PARAMAHANSE YOGANANDE

Dostupne u knjižarama ili izravno od izdavača:

Self-Realization Fellowship
3880 San Rafael Avenue • Los Angeles, California 90065-3219

Tel (323) 225-2471 • Fax (323) 225-5088

www.yogananda.org

Autobiography of a Yogi

God Talks with Arjuna: The Bhagavad Gita
A New Translation and Commentary

The Second Coming of Christ:
The Resurrection of the Christ Within You
A Revelatory Commentary on the Original Teachings of Jesus

The Yoga of the Bhagavad Gita

The Yoga of Jesus

The Collected Talks and Essays

Volume I:
Man's Eternal Quest

Volume II:
The Divine Romance

Volume III:
Journey to Self-realization

Wine of the Mystic:
The Rubaiyat of Omar Khayyam —
A Spiritual Interpretation

Songs of the Soul

Whispers from Eternity

Scientific Healing Affirmations

In the Sanctuary of the Soul:
A Guide to Effective Prayer

The Science of Religion

Metaphysical Meditations

Where There Is Light:
Insight and Inspiration for Meeting Life's Challenges

Sayings of Paramahansa Yogananda

Inner Peace:
How to Be Calmly Active and Actively Calm

Living Fearlessly:
Bringing Out Your Inner Soul Strength

The Law of Success

How You Can Talk With God

Why God Permits Evil and How to Rise Above It

To Be Victorious in Life

Cosmic Chants

DVD (DOKUMENTARNI)

AWAKE:
The Life of Yogananda.
Flm u produkciji CounterPoint Films.

*Iscrpni katalog knjiga i audio/video zapisa – uključujući
rijetke arhivske snimke Paramahanse Yogananda- dostupan je
na Internetskim stranicama* www.srfbooks.org.